Schulzeit am Tassilo-Gymnasium in Simbach / Inn

Eine Zeitreise in die „Sechzigerjahre“

Zum 70. Gründungsjubiläum des Tassilo-Gymnasiums

Valentin Reitmajer

Prof. Dr. Valentin Reitmajer
Schulzeit am Tassilo-Gymnasium in Simbach/Inn
Eine Zeitreise in die „Sechzigerjahre“
Zum 70. Gründungsjubiläum des Tassilo-Gymnasiums
Oberding: Reimo-Verlag, 2018

ISBN 978 – 3 – 942867 – 52 – 8

Am Mitterfeld 3, 85445 Oberding
Tel.: 08122 / 47 99 715
Fax: 08122 / 47 99 714
E-Mail: reimo_verlag@gmx.de
www.reitmajer-verlag.de

Covergestaltung: Waltraud Zierer

Ein Hinweis vorab:

In meinem Buch spreche ich Mädchen und Jungen, Frauen und Männer in der Regel gleichermaßen an. Aus Gründen der besseren Lesbarkeit habe ich jedoch nicht immer ganz konsequent auch die weibliche Form bei personenbezogenen Hauptworten explizit ausgeführt. Alle Begriffe gelten natürlich immer für beide Geschlechter.

Text- und Bildnachweise:

Ich danke denjenigen sehr herzlich, die mir ihre Bilder und die damit verbundenen Abdruckrechte zur Verfügung gestellt haben. Es sind so viele, dass ich sie nicht alle namentlich erwähnen kann.
Mein ganz besonderer Dank gilt dem stellvertretenden Schulleiter des Tassilo-Gymnasiums, Herrn Studiendirektor Hans Engelhardt, für seine immer zuvorkommende Mithilfe bei meinen Recherchen.

Inhaltsverzeichnis

1. Geleitwort des 1. Bürgermeisters der Stadt Simbach/Inn Klaus Schmid

Dieses Buch ist keine Chronik, wie ich ursprünglich angenommen habe, sondern die sehr persönliche Schilderung eines „Schülerlebens“ am Tassilo-Gymnasium in den Sechzigerjahren des letzten Jahrhunderts.

In diesem Buch beschreibt Prof. Dr. Valentin Reitmajer seine Schulzeit am Simbacher Tassilo-Gymnasium in recht lebendiger und unterhaltsamer Form und vermittelt dem Leser gleichzeitig einen Einblick in das Leben in unserer Stadt in dieser Zeit.

Als ehemaliger Schüler des Tassilo-Gymnasiums sind auch mir noch einige Lehrkräfte, die vom Autor erwähnt werden, gut bekannt und ich kann feststellen, dass deren Eigenschaften sehr treffend dargestellt werden.

Ich danke Herrn Prof. Dr. Reitmajer für seine Arbeit und wünsche mir, dass das Buch viele Leser, vor allem viele „Ehemalige“ des Tassilo-Gymnasiums, findet.

Klaus Schmid
1. Bürgermeister

2. Geleitwort des Schulleiters des Tassilo-Gymnasiums Edgar Nama

Anlässlich seines 70-jährigen Schuljubiläums präsentiert sich das Tassilo-Gymnasium unter dem Motto „70 Jahre Tassilo-Gymnasium – mit Tradition in die Zukunft“ mit zahlreichen Veranstaltungen der interessierten Öffentlichkeit: Tag der offenen Tür, Theater, Kino- und Quizabend, Gedenkgottesdienst, Festakt und Ehemaligenkonzert. Im Fokus der Feierlichkeiten steht also nicht ein historisch ausgerichteter Ansatz, sondern das Anliegen, eine moderne Bildungsinstitution zu präsentieren, die nach sieben Jahrzehnten Schulbetrieb gut gerüstet und zuversichtlich in die Zukunft geht. Umso erfreulicher ist es, dass mit dem Werk von Prof. Dr. Valentin Reitmajer eine Sammlung von geschichtlichen Erinnerungen, netten Anekdoten und nachdenklich machenden Begebenheiten vorgelegt wird, die vor allem die Aufbauphase des Tassilo-Gymnasiums in den sechziger Jahren mit akribisch zusammengetragenem Bildmaterial, persönlichen Erzählungen und interessanten Perspektiven lebendig werden lassen.
Im Jubiläumsjahr 2018, in dem wir zugleich 100 Jahre Freistaat Bayern und 200 Jahre Verfassungsstaat Bayern feiern, blicken wir dankbar zurück auf 70 Jahre Schulgeschichte in Frieden und Freiheit. Gerade in Zeiten der Migration und des gesellschaftlichen Diskurses zur Frage der nationalen Identität ist es erwähnenswert, dass der Gründer der Schule, Dr. Walter Güldenapfel, im Jahr 1948 als Flüchtling den Samen für das gelegt hat, was zunächst als behelfsmäßiger Unterricht in Wirtshäusern seinen Ausgang nahm, als Oberrealschule fortgesetzt wurde und heute den stolzen Namen Tassilo-Gymnasium trägt.
Das Buch sei ein Impuls, bei unseren Jubiläumsfeierlichkeiten nicht zu vergessen, dass sich die Geschichte einer Schule letztlich aus einem Bündel unzähliger Lebenslinien zusammensetzt, die dicht ineinander verwoben ein buntes Bild ergeben, das sich auf dem Weg von der Vergangenheit in die Zukunft stetig verändert. Mit Anerkennung und Hochachtung blicken wir dabei auf Biographien

der ersten Jahrzehnte: Herr Direktor Hans Haberl, Herr Direktor Dr. Ferdinand Mallinger, daneben markante Persönlichkeiten wie „Fiffi", „Johnny" und wie sie sonst noch alle hießen. Ihnen und ihrem großen Engagement fühlen wir uns verpflichtet, die Schule erfolgreich in die Zukunft zu führen. Herrn Prof. Dr. Reimajer sei an dieser Stelle ganz ausdrücklich und herzlich dafür gedankt, uns mit seinem Buch diese Menschen so sympathisch und anschaulich ins Gedächtnis zu rufen. Sie leben fort in unserer Erinnerung und ihrem Werk, auch in den kommenden siebzig Jahren.

Edgar Nama, OStD
Schulleiter

3. Vorwort des Autors

„Tempus fugit!“, sagt der Lateiner. „Kinder, wie die Zeit vergeht!“, sagen wir alle oft und wollen damit unser Erstaunen über unsere, je älter wir werden, immer schneller dahin rasende Lebenszeit zum Ausdruck bringen.

So ist es mir im Juli 2008 ergangen, als meine Klasse sich zum 40-jährigen Abiturjubiläum im Bürgerhaus der Stadt Simbach traf. Kann es sein, ging es mir auf dem Weg zum Festsaal der Stadt durch den Kopf, dass es schon „VIERZIG“ Jahre her ist, als wir unsere Abiturzeugnisse im Festsaal des Rathauses von Herrn Oberstudiendirektor Haberl 1968 überreicht bekamen? Ist das schon sooo lange her??

Ja, das ist sooo lange her!

Und im Jahr 2018 feiern wir das „FÜNZIGSTE“ Abiturjubiläum!!!!!!!! Das ist nochmal länger, ja schon fast unheimlich lange her!

Diese Zahl „FÜNFZIG“ war für mich der erste Anstoß, über unsere Schulzeit nachzusinnen und vielleicht etwas zu schreiben, wie ich es über meine Kindheit in Julbach[1] schon früher getan habe, da sich unsere Kinder, unsere jüngeren Freunde und Verwandten oftmals gar nicht mehr vorstellen können, wie das damals alles bei uns war. Als ich bei meinen ersten Recherchen darauf stieß, dass ja „unser“ Tassilo-Gymnasium auch Jubiläum feiert, nämlich den 70. Jahrestag seiner Gründung, stand mein Entschluss fest und ich ging endgültig ans Werk, dieses Buch zu schreiben.

Ich habe aus meiner damaligen Schülerperspektive beschrieben, auf welch sonderbare Weise ich im Jahre 1959 zunächst an das

---

[1] Reitmajer, V.: Kindheit in Niederbayern vor 50 Jahren, Oberding 2000 (Reimo-Verlag)

humanistische „Kurfürst-Maximilian-Gymnasium“ in Burghausen kam und wie ich 1960 an die damalige Oberrealschule in Simbach wechselte. Wer waren die Mitschüler, die mit mir damals die Oberrealschule Simbach, das spätere Tassilo-Gymnasium, besuchten? Aus welchen Elternhäusern kamen sie? Welche sog. Highlights, wie z.B. Schikurse oder Exkursionen, wurden in den Sechzigerjahren am Tassilo-Gymnasium den Schülern geboten?

Das „Herzstück“ meiner Rückerinnerung stellt natürlich die Charakterisierung der Lehrerinnen und Lehrer dar, die mir als besonders markante Lehrerpersönlichkeiten auch nach nunmehr 50 Jahren im Gedächtnis geblieben sind:
Turnen beim „Fickert Hansi“, Musik bei der „Fiffi“, Geschichte und Erdkunde beim „Johnny“, Mathe und Physik beim „Trämp“, Reli beim „Don Camillo“, Bio und Chemie beim „Jogi-Bär“, Latein beim „Niedamoale“ und beim „Zeus“, um nur einige unserer „Professoren“, so sprachen wir unsere Lehrer damals an, zu nennen.

Den heutigen Schülern, Lehrern und Eltern sagen diese Lehrer und deren „Spitznamen“ natürlich nichts mehr. Wenn aber ein schon etwas älterer ehemaliger Schüler des Tassilo-Gymnasiums diese hört, tun sich sicher seine „Erinnerungskanäle“ ganz weit auf und so mancher seufzt wohl, „ja damals....!“Aber auch für die heutigen Schülerinnen und Schüler sowie für das derzeitige Lehrerkollegium mag es sicher interessant sein, zu vergleichen, wie heute vor 50 Jahren der Schulalltag am damaligen Tassilo-Gymnasium aussah.

Ich wünsche allen Leserinnen und Lesern meines Buches viel Spaß und freudige Erinnerung an ihre Schulzeit. Und vielleicht geht es Ihnen wie mir, dass Sie ein bisschen wehmütig zurückschauen und unseren damaligen Lehrerinnen und Lehrern und unserem Direktor ein Danke sagen, dass sie sich so bemüht haben, uns eine wertvolle und schöne Schulzeit zu schenken.

Prof. Dr. Valentin Reitmajer

4. Wer kennt Simbach/Inn, geschweige denn, das dortige Gymnasium alias die ehemalige Oberrealschule?

Es war im Jahr 1970. Ich hatte 1968 am Tassilo-Gymnasium in Simbach/Inn mein Abitur abgelegt und gleich danach in München an der Ludwig-Maximilians-Universität das Studium der Philosophie und der Katholischen Theologie aufgenommen, als ich bei der Heimfahrt von München nach Julbach zwei älteren Klosterschwestern in meinem Zugabteil gegenübersaß.

Sei es, dass diese die Chance nutzen wollten, von ihrer Mutter Oberin unbeobachtet, ein männliches Wesen anzusprechen, was aber wohl aufgrund unseres großen Altersunterschieds unwahrscheinlich war, oder war es ihre Neugierde, die diese beiden betagten Damen plagte, da sie ja hinter ihren Klostermauern nicht gerade mit Neuigkeiten über die „Welt“ verwöhnt waren.

Die beiden sprachen mich an. Woher ich käme, wollten sie wissen, wohin ich fahre und was ich denn beruflich mache.

Letzteres, dass ich in München Philosophie und Katholische Theologie studierte, nahmen sie hocherfreut zur Kenntnis und wiegten ihre ehrwürdigen Häupter glücklich, einen zukünftigen Priester leibhaftig vor Augen zu haben. Eifrig versprachen sie, mich in ihr tägliches Gebet um gutes Gelingen meines hehren Vorsatzes aufzunehmen, wofür ich mich natürlich höflich bedankte.

Gut, dass sie niemals erfuhren, dass ihre Gebete bezüglich des Priesterwerdens nicht erhört wurden, denn das wäre für sie wohl eine herbe Enttäuschung bezüglich der Wirksamkeit ihrer Gebete gewesen.

Da die beiden Damen trotz ihres geistlichen Standes sehr neugierig waren, wollten sie natürlich wissen, wohin der „Priesteramtskandidat“ denn fahren würde. Als ich ihnen sagte, ich führe nach Hause zu meinen Eltern nach Julbach/Inn, konnten sie damit nichts anfangen. Um meinen Heimatort noch besser zu lokalisieren, sagte ich ihnen, dass Julbach in der Nähe von Simbach/Inn läge. Aber auch dies half den beiden nicht weiter. Als ich aber sagte, Simbach liege direkt gegenüber der österreichischen Stadt Braunau, die nur durch die Brücke über den Inn von Bayern getrennt sei, entfuhr den beiden fast gleichzeitig der freudige Ausruf: „Ach, Braunau, wo unser Führer her war!“

Natürlich outeten sie sich damit nicht als verkappte Nazis, sondern diese Information war eben in ihren Köpfen gespeichert, da sie ja ihrem Alter entsprechend im 3. Reich aufgewachsen waren und gelebt hatten.

Bei dieser kleinen Szene wird aber auch deutlich, wie unbekannt damals das kleine Provinzstädtchen Simbach/Inn war und wohl auch heute noch weitgehend wäre, hätte es nicht durch die im Jahre 2016 zerstörerisch hereinbrechende Flut im ganzen Bundesgebiet traurige „Berühmtheit“ erlangt.

5. Der Besuch eines Gymnasiums steht nicht in meiner „Lebens-Agenda“

Herkunft, Familie und Volksschulzeit

Julbach in den „Sechzigerjahren“.

Noch unbekannter als Simbach und sein Gymnasium war damals aber noch mein Heimatort Julbach, der ungefähr 7 km von Simbach Richtung München entfernt liegt.

Julbach war damals ein relativ kleines Dörfchen, das sich wie auch heute noch recht anmutig an den Höhenzug schmiegt, der sich von Perach am Inn bis weit über Simbach/Inn hinaus hinzieht.

Die Julbacher bestanden aus einigen wenigen Großbauern, zumeist aber aus Handwerkern mit kleinen Landwirtschaften, „Zeiglleid“

nannte man sie unter vorgehaltener Hand. Der Großteil der Dörfler verdiente sich sein Brot als Arbeiter auf dem Bau oder als Schichtarbeiter in der in Simbach gelegenen Heraklith-Fabrik bzw. in den folgenden Jahren immer mehr in den Wacker-Werken, die im ca. 30 km entfernten Burghausen angesiedelt sind.

In den Fünfziger- und Sechzigerjahren waren viele der Julbacher ehemalige Flüchtlinge, von denen viele aus dem Dorf „Pojana Mikuli" in der Bukowina in Rumänien stammten. Auch meine Familie hatte so eine Herkunft.

Ihre Flucht nach Deutschland dauerte, mit Stationen in Österreich und Polen, fast fünf Jahre und war voller Unsicherheiten und Gefahren. Sie endete schließlich damit, dass die Leute aus der Bukowina wie so viele andere 1945 mit kaum mehr, als sie auf dem Leib trugen und ihrem „Flucht-Pferdegespann", mit dem mein Vater mit vielen anderen im Treck von Polen nach Deutschland gefahren war, in Bayern strandeten.

Elf Jahre lang lebten meine Eltern mit ihren zwei Kindern in einem einzigen Zimmer, ohne Wasseranschluss, ohne Bad, ohne elektrisches Licht. Das WC war der Misthaufen vor dem Haus. Das Wasser pumpte man sich vor dem Haus aus einem Brunnen. In der Nacht spendete eine Petroleumlampe Licht, da es damals in den Einöden Niederbayerns, wo sie Unterschlupf gefunden hatten, noch keinen Stromanschluss gab.

Damit aber nicht genug.

Mein neunjähriger Bruder Rudolf wurde 1947 auf einem niederbayerischen Bauernhof im Landkreis Pfarrkirchen, wo meine Eltern in einem Zimmer hausten, von einer Kuh getötet, indem sie seinen Brustkorb zerquetschte. Er hatte ihr Kälbchen gestreichelt und war damit offensichtlich aus der Sicht der Mutterkuh ihrem Nachwuchs zu nahe gekommen. Man kann das unendliche Leid und die absolute Verzweiflung meiner Eltern verstehen, die nun in Armut und in der

Fremde dieses unermessliche Unglück erleben mussten.
Meine Geburt ein Jahr später, am 24. Juni 1948, in Gerzen bei Vilsbiburg, wohin es meine Eltern nun verschlagen hatte, erschien deshalb meinen Eltern wie ein Wunder und sie waren, trotz aller Not und trotz aller erlittenen Schicksalsschläge, mit mir überglücklich, ja glückselig. 1954 begann meine Schulzeit an der Volksschule in Neukirchen (Lkr. Pfarrkirchen), wo wir mittlerweile wohnten oder besser gesagt „hausten".

Hier (s. Pfeil) lebten wir drei Jahre (1954 – 1957) zu viert in der Einöde Rabensham in einem Zimmer

Mein täglicher Schulweg betrug 6 km, was natürlich ohne Schulbus, den man damals noch nicht kannte, zu Fuß für einen kleinen Buben mit 6 Jahren ganz schön anstrengend war. Meinen Schulwegkameraden und mir machte dies jedoch nichts aus, weil wir es auch nicht anders kannten.

Meine 1. Klasse im Schuljahr 1954/55 in der Volksschule Neukirchen mit unserem „Lehrerfrein“.

Nach elf Jahren in erbärmlichen Einzimmerwohnungen bezogen wir 1956 glückselig das mit sehr viel Eigenleistung schwer erschuftete, bescheidene Häuschen in Julbach.

Unser Häuschen in Julbach im Jahre 1957

Mein Vater verdiente zunächst sein und unser Brot als ungelernter Arbeiter auf dem Bau, wo er sich mit den Jahren zum Straßenbaupolier hocharbeitete.

Aus mir war mittlerweile ein achtjähriger Bub geworden. Nach unserem Umzug nach Julbach während des Schuljahres 1956/57 trat ich um die Adventszeit herum in die 3. Jahrgangsstufe der Julbacher Volksschule ein, die von einem „Lehrerfrein" unterrichtet wurde. Natürlich war am Anfang für mich alles fremd. Ich erinnere mich aber nicht an größere Anfangsschwierigkeiten.

Lehrerhaus (l.) und Schulhaus (r.) in Julbach 1959

Hier muss ich ein wenig über das „Volksschulsystem" in Julbach berichten, das wohl in der damaligen Zeit in fast allen Dorfschulen Bayerns ähnlich war.
Es gab im Julbacher Schulhaus zwei große Klassenzimmer. In dem einen unterrichtete eine Lehrerin, damals von allen „Lehrerfrein" genannt, die Jahrgangsstufen 1 bis 4 mit ca. 45 Schülerinnen und Schülern. Im anderen Klassenzimmer unterrichtete der Herr Hauptlehrer ebenso viele Kinder der Jahrgangsstufen 5 bis 8. Eine 9. Jahrgangsstufe gab es damals noch nicht.

Während sich das „Lehrerfrein“ noch redlich und ohne Abschweifungen bemühte, uns Lesen, Schreiben und Rechnen beizubringen, hatte der Unterricht beim Herrn Hauptlehrer, der im Dorf neben dem Herrn Pfarrer das höchste Ansehen genoss, eine ziemlich andere Ausprägung, die uns aber eigentlich gar nicht so schlecht gefiel.

Nach dem Morgengebet schossen unsere Finger hoch, und wir vermeldeten: „Herr Hauptlehrer! Ich hab‘ ein Reh gesehen!“. „Wo denn?! Wo hast du es gesehen?!“, fragte begierig der Hauptlehrer zurück, denn er war leidenschaftlicher Jäger und besserte mit von ihm geschossenen und von seiner Frau präparierten Tieren, die er meistens an die Biologiesammlungen von Gymnasien teuer verkaufte, sein Salär auf. Die bevorstehende Jagd wohl im Hinterkopf, erzählte er von sich aus oder auf unser Bitten hin oft abenteuerliche Jagdgeschichten, bei denen das „Jägerlatein“ zum Greifen nahe war, was uns aber nicht kümmerte, weil dadurch die Unterrichtszeit aufs Angenehmste dahinfloss.

Die Stoffvermittlung erfolgte hauptsächlich in Form von Diktaten, dem sog. „Lernstoff“, den wir von Samstag bis Montag auswendig lernen mussten. Damals waren wahrscheinlich sog. „Lernmappen“ en vogue. Darin malten wir die Bilder bunt aus und lernten den Text, also den Lernstoff, auswendig. Da wir damit stundenlang beschäftigt waren, bestimmte unser Lehrer den größten „Raudi“, den alle ob seiner Riesenkräfte und Aggressivität fürchteten, zum Aufpasser. Er selbst begab sich eine gute Stunde lang ins neben dem Schulhaus gelegene Lehrerhaus, in dem er mit seiner Familie wohnte, um mit seiner Frau gemütlich Kaffee zu trinken.

Sportlich wurde die Julbacher Schuljugend gefördert, indem sie im Frühjahr und im Sommer den Lehrergarten jätete, im Herbst das Obst und Gemüse erntete und im Winter das Holz für den Herrn Hauptlehrer spaltete und fein säuberlich aufrichtete. Die Mädchen durften der Frau Hauptlehrer beim Putzen helfen und für sie beim Dorfkramer einkaufen. Man mag es aus heutiger Sicht nicht glauben, aber unsere Mädels rissen sich um diese Aufträge, weil sie so dem

Unterricht für Stunden entkamen und Einblick in den Haushalt der Hauptlehrerfamilie bekamen.
Natürlich wussten die Eltern davon, aber niemand wäre im Traum darauf gekommen, sich beim Schulamt über diese Art des Unterrichts zu beschweren. Auch mir war diese Art Unterricht weder fremd noch unangenehm, weil ich es wie die anderen Mitschüler, einschließlich der Eltern, nicht anders kannte.

Ich aber lebte in meiner zehnjährigen kleinen Bubenwelt, lernte fleißig und hatte gute Noten.

Dass es ein Gymnasium gibt, hatte ich schon einmal gehört, da der Herr Pfarrer gelegentlich von seiner Gymnasialzeit in Passau erzählte. Doch war diese Schulart für mich Dorfbuben eigentlich nicht existent, da sie außerhalb meiner Vorstellung war. Aus dem Dorf gab es zu dieser Zeit auch fast niemanden, der ein Gymnasium besucht hätte, den Herrn Pfarrer ausgenommen und zwei um ca. 10 Jahre von mir ältere Burschen.

Deshalb machte ich mir auch keinerlei große Gedanken über meine Zukunft, so wie dies auch meine Mitschüler wohl nicht taten. Man würde eben nach der Volksschule irgendeine Lehre machen so wie unsere Eltern und unsere größeren Geschwister auch oder gleich nach der Schule in einer Fabrik als angelernter Fließbandarbeiter tätig sein.
Bis dahin spielten wir nach der Schule Fußball, Völkerball, Räuber und Schandi oder Fangermandl. Auch das Spiel „Fürchtet ihr den Schwarzen Mann....?“, machte uns oft großen Spaß.
Manchmal gerieten wir auch in Streit, der unter Buben sehr gerne mit den Fäusten ausgetragen wurde. Der Unterlegene wurde zum Schluss noch vom Sieger in den „Schwitzkasten“ genommen und musste um Gnade winseln, was nicht selten mein Los war, da so mancher der Raufbolde stärker war als ich.

Ministrantenzeit

Eine neue Dimension kam in mein junges Bubenleben, als mich der Herr Pfarrer, ich war ungefähr 10 Jahre alt, fragte, ob ich nicht Ministrant werden wolle. Scheinbar hatte er mich bei seinen Beobachtungen im Religionsunterricht dafür als geeignet empfunden.

Ich fühlte mich wohl sehr geehrt und sagte natürlich freudig zu. Und bald trat ich unter der „Herrschaft“ unseres Mesners, der lustigerweise Hirsch mit Familiennamen hieß, meinen heiligen Dienst ehrfürchtig an.

Ehrfürchtiger Ministrant

Damals musste man als Ministrant noch die sog. „Stufengebete“ zu Beginn der Hl. Messe auf Latein hersagen, was vor allem beim „Suscipiat“ für unsere etwas ungelenken bairischen Bubenzungen manchmal ein kleiner Zungenbrecher war.[2]

Mit meinen „lateinischen Kenntnissen" gerüstet, versah ich mit großem Ernst und voll Freude in der Julbacher Pfarrkirche meinen „heiligen" Altardienst und blieb deshalb von den häufig angedrohten, aber fast nie ausgeführten Kopfnussandrohungen unseres Mesners Hirsch verschont.

Hochaltar der Julbacher Pfarrkirche

Auch der Herr Pfarrer war sehr zufrieden mit mir, was er manchmal mit einem geschenkten Heiligenbildchen zum Ausdruck brachte.

---

[2] Vgl. mein Buch „Kindheit in Niederbayern vor 50 Jahren", Oberding 2000. (Reimo-Verlag, s. Impressum)

6. Nun soll auf einmal ein humanistisches Gymnasium meine Vita bereichern!

Neue Perspektiven

In Julbach war es üblich, wie wohl auch damals in anderen niederbayerischen Dörfern, bis weit in die Sechzigerjahre hinein, die Toten zunächst zwei Tage lang zu Hause im Wohnzimmer im offenen Sarg aufzubahren. Jeden Abend beteten die Verwandten, Freunde und Nachbarn auf den Knien vor dem Verstorbenen den Rosenkranz und besprengten den Toten mit Weihwasser, das in einem Kübelchen neben dem Sarg stand.

Am zweiten oder dritten Tag wurde der Verstorbene ins Leichenhaus bei der Kirche überführt. Dafür verwendete man aber nicht ein Leichenauto, das den Toten zum Friedhof gebracht hätte. Es gab hierfür eine Art schwarzes Kutschengefährt mit einem Einschub für den Sarg, das von zwei schwarzen Rappen mit schwarzen Scheuklappen und schwarzem Überwurf gezogen und von einem Kutscher im schwarzen Anzug und schwarzem Zylinder auf dem Kopf von einem hohen Bock aus gelenkt wurde. Mit diesem Gefährt, dessen eisenbereifte Räder auf den meist nicht geteerten Straßen eindringlich und für mich etwas schauerlich knirschten und damit die ernste Gewichtigkeit der Situation noch unterstrichen, zogen wir von der Kirche zum Haus des Verstorbenen.

Hinter diesem Gefährt marschierten oft zwei bis drei Kilometer weit der Herr Pfarrer mit den Ministranten, die das Tragekreuz sowie das Rauchfass und das „Schifferl“ trugen, so nannten wir wegen seines schiffartigen Aussehens das Behältnis mit Weihrauch. Alle waren schon in liturgischem Schwarz gekleidet, wobei der Herr Pfarrer mit seinem schwarzen, mit goldenen Verzierungen durchwirkten Rauchmantel besonders prächtig und eindrucksvoll hervorstach.

Begegneten uns Leute auf dem Weg, so verneigten sich diese und machten ein ehrfürchtiges Kreuzzeichen vor ihrer Brust, manche knieten sich dabei sogar nieder.

Pferde-Leichentransport in den Fünfziger- und Sechzigerjahren auf dem Lande

Eines Tages trottete ich wieder einmal mit so einem Leichenzug durchs Dorf, als der Herr Pfarrer mich eher beiläufig fragte, ob ich nicht auch so etwas werden möchte wie er?
Ich war zunächst wie vor den Kopf geschlagen. So etwas Großes sollte ich kleiner Wicht werden? Aber, wenn der Herr Pfarrer mir so etwas Hohes zutraute, dann würde es schon seine Richtigkeit haben! Und obendrein gefiel es mir sehr, wenn der Herr Pfarrer mit seinen, in meinen Augen, äußerst prächtigen und glänzenden Gewändern vor den Altar trat und mit goldenen Kelchen oder Monstranzen seinen heiligen Dienst versah.

Aber wie sollte ich kleiner Dorfbub, noch dazu Sohn einfacher Leute, so etwas werden? Ich hatte nicht die geringste Ahnung.
Darüber klärte mich aber der Pfarrer bald auf. Auch meinen Eltern

stattete er einen Besuch deshalb ab. Diese fühlten sich zwar von seinem Besuch sehr geehrt, wollten ihren so sehr geliebten Buben aber nicht hergeben. Denn dazu müsste ich ja in das ca. 30 Kilometer entfernte Bischöfliche Knabenseminar in Burghausen umziehen und dort das humanistische Gymnasium, eine Schule mit Jahrhunderte alter und ehrwürdiger Tradition, besuchen.

Dass es im nahen Simbach eine nach dem 2. Weltkrieg gegründete Realschule gab, die zunächst nur bis zur Mittleren Reife und erst Ende der fünfziger Jahre als Oberrealschule auch zum Abitur führte, wussten meine Eltern und ich damals nur vom Hörensagen.

Der Pfarrer wusste das wahrscheinlich schon, aber er fand wohl die mathematisch-naturwissenschaftlich ausgerichtete Oberrealschule für einen angehenden Theologiestudenten für nicht so geeignet, weil hier Latein, wenn überhaupt, nicht so eine große Rolle spielte wie an einem humanistischen Gymnasium und Griechisch gar nicht gelehrt wurde. Außerdem schien ihm die Unterbringung in einem bischöflichen Seminar für meine spätere Berufsfindung als Priester wohl sicherer und zielführender zu sein.

Nachdem der Pfarrer meine Eltern mit Engelszungen dazu bewegt hatte, nun doch ihren heißgeliebten Buben ins Knabenseminar und Gymnasium nach Burghausen ziehen zu lassen, begann er mit den weiteren Maßnahmen für meine schulische Zukunft. Ich besuchte damals die 5. Jahrgangsstufe beim Herrn Hauptlehrer. Weil der Pfarrer wohl dessen spezielle Art des Unterrichts kannte und ihr deshalb misstraute, trainierte er mich ab dem Zwischenzeugnis im Februar 1959 einmal die Woche in Rechtschreibung, Grammatik und Rechnen bei ihm im Pfarrhof. Außerdem schlug er mir vor, meinen künftigen Wohn- und Schulort Burghausen mit ihm zu besichtigen. Da der Pfarrer mit seinem Goggomobil nur Ausfahrten unternahm, wenn es gar nicht anders ging, denn er war ein sehr unsicherer Autofahrer, fuhren wir mit dem Rad querfeldein, und setzten in Seibersdorf mit der Fähre über den Inn. Was sich der Fährmann wohl gedacht hatte, als er den Pfarrer im schwarzen Gehrock und mich

Knirps mit Stiftelkopf und kurzen Hosen sah? Über den Dammweg der Salzach erreichten wir nach anstrengender Treterei die Stadt Burghausen.

Burghausen mit Burganlage (ca. 1 km lang)

Das Bischöfliche Knabenseminar St. Altmann (s. Pfeil) befand sich unmittelbar unter der Hauptburg.

Da ich nur die Kleinstädte Simbach und Pfarrkirchen bis dahin kannte, erschienen mir die altehrwürdige Stadt Burghausen mit ihrer gewaltigen Burganlage und das Ehrfurcht gebietende Gebäude des „Kurfürst-Maximilian-Gymnasiums“ mit eigener Studienkirche als äußerst imposant und auch ein wenig Furcht einflößend. Deshalb ging ich dem Pfarrer nach, als er in einer Gastwirtschaft, in die er mich zur Brotzeit eingeladen hatte, wortlos aufstand und aus der Gaststube ging, denn ganz allein in so einer beeindruckenden, aber fremden Stadt zu sein, war mir etwas unheimlich.

Stolzer Seminarist und Gymnasiast mit Stiftlkopf

Kurfürst-Maximilian-Gymnasium (l) mit eigener Studienkirche (r)

Der Pfarrer steuerte, von mir gefolgt, das WC an, um sich dort an einem Pissoir Erleichterung zu verschaffen. Ich tat es ihm nach und wusste seitdem, Pfarrer müssen auch mal. Dies war für mich vorher keineswegs selbstverständlich, denn ich kannte den hochwürdigen Herrn Pfarrer ja hauptsächlich nur von heiligen Handlungen in der Kirche.

Zufrieden und beeindruckt von dem, was da auf mich zukommen würde, traten wir mit unseren Rädern auf derselben Strecke wie wir hergekommen waren, unseren Heimweg an. Ich als zehnjähriger Bub mit Stiftlkopf und kurzer Hose, der Pfarrer ganz in Schwarz mit einer Art Gehrock bekleidet. „Ein etwas komisches Paar", wird sich wohl so mancher gedacht haben, dem wir begegneten.

Ich war Feuer und Flamme und freute mich schon sehr auf meine bald beginnende Gymnasial- und Seminarzeit in Burghausen und auf meine mir blendend erscheinende Zukunft!

Davor musste jedoch noch die Aufnahmeprüfung bestanden werden, die drei Tage dauerte und die ich Gott sei Dank mit Bravour bestand, nicht zuletzt auch aufgrund des „Crashkurses“ bei meinem Pfarrer.

Die neuen Perspektiven nehmen Gestalt an

Am 1. September 1959 begann das Schuljahr und der Herr Pfarrer musste diesmal trotz seines Widerwillens Auto zu fahren, sein Goggomobil aus der Garage holen, um meinen „Umzug“ nach Burghausen ins Bischöfliche Knabenseminar durchzuführen, denn meine Eltern und all unsere Verwandten und Bekannten besaßen kein Auto.

Bischöfliches Knabenseminar
St. Altmann in Burghausen

Also lud er mein Köfferchen in sein Goggomobil. Ich saß auf dem schmalen Rücksitz mit meinem Bettpolster auf dem Schoß. Meine Mutter nahm vorne auf dem Beifahrersitz Platz und war sehr trauriger Stimmung, da sie ja nun ihr Allerliebstes glaubte hergeben zu müssen.

Goggomobil des Julbacher Pfarrers

Schon der vorherige Abschied von meinem Vater war tränenreich und auch ich hatte einen unangenehmen Kloß im Hals, denn mir zehnjährigem Bub fiel es auch nicht ganz leicht, von zu Hause weg zu gehen.

Der Abschied von meiner Mama im Seminar, die herzzerreißend weinte, war auch für mich sehr schwer und ich hatte noch einige Stunden lang, nachdem sie mit dem Pfarrer wieder nach Hause gefahren war, auch ein schweres Herz, so ganz allein in einer für mich sehr fremden Umgebung zu sein. Aber meine Begeisterung für all das Neue, das auf mich zukommen sollte, wischte bald alle Tränen von mir ab. Und als am nächsten Tag wir „Erstklassler-Seminaristen“, damals hatte man noch nicht die durchgehende Zählung der Jahrgangsstufen wie heute, in Zweierreihen zum Gymnasium zogen, war mir ganz feierlich zumute.

Mein Mütchen wurde aber schon bald etwas gekühlt, als wir mit allen anderen neu ins Gymnasium eintretenden Schülern in einer großen, Ehrfurcht gebietenden Aula vom Direktor des „Kurfürst-Maximilian-Gymnasiums" begrüßt und anschließend in Klassen eingeteilt wurden. Klasse 1 a bestand aus Schülern, die im Kapuziner-Klosterseminar wohnten, Klasse 1 b waren die Internatsschüler der Redemptoristen, also alles kleine „Mönchslehrlinge", und Klasse 1 c bestand aus den bischöflichen Seminaristen wie mir und den sog. Stadtschülern, also Schülern aus Burghausen, die zu Hause bei ihren Eltern wohnten. In dieser Klasse gab es auch Mädchen, aber nur sehr wenige, ich glaube mich an zwei oder drei zu erinnern.

Auch an meiner neuen Schule, dem altehrwürdigen, humanistischen „Kurfürst-Maximilian-Gymnasium, gab ich mir sehr viel Mühe wie auch schon zu Hause in der Volksschule in Julbach und erzielte demgemäß auch recht ordentliche Leistungen. Allerding war der Unterricht hier etwas anders als bei meinem Julbacher Hauptlehrer.

Ich erinnere mich natürlich nach so vielen Jahren kaum mehr an meine damaligen Lehrer des Burghausener Gymnasiums. Einer jedoch ist mir noch nach fast 60 Jahren im Gedächtnis haften geblieben. Es war unser recht streng wirkender Mathematiklehrer, ein älterer beleibter Herr, den wir böswilliger Weise „Hinkebein" nannten, weil er im Krieg ein Bein verloren hatte und nun eine Holzprothese trug. Auf mich wirkte es etwas schauerlich, wenn er ins mit Holzboden ausgestattete Klassenzimmer stapfte und schließlich den etwas erhöhten, hölzernen Katheder mit einem lauten Dröhnen des Holzbeins erklomm.

Gänzlich unbekannt waren mir Stegreifaufgaben, Klassenproben und Schulaufgaben, mit denen ich plötzlich konfrontiert wurde. Denn der Herr Hauptlehrer hatte uns nie mit derartigen „Lernzielkontrollen" traktiert. Aber auch daran gewöhnte ich mich mit der Zeit. Etwas schwerer tat ich mir aber mit dem sehr strengen und normierten Tagesablauf im Bischöflichen Knabenseminar „St. Altmann", wo ich nun wohnte.

Tagesprogramm der bischöflichen Seminaristen in St. Altmann

Vormittags:

5.30 Uhr: Weckruf mit einer schauderhaft schnarrenden Glocke

6.00 bis 7.00 Uhr: Hl. Messe; 7.00 bis 7.15 Uhr: Studierzeit

7.15 bis 7.45 Uhr: Frühstück; 7.45 Uhr: Abmarsch zum Gymnasium

---

8.00 bis 13.00 Uhr: Unterricht im Gymnasium
13.00 Uhr: Rückmarsch zum Seminar

Nachmittags:

13.15 bis 13.45: Mittagessen; 13.45 bis 15.00 Uhr: Sport

15.00 bis 18.00 Uhr: Studierzeit unter Aufsicht mit einer kleinen Teepause

Abends:

18.00 bis 18.30 Uhr: Abendessen; 18.30 bis 20.00 Uhr: Freizeit

---

20.00 bis 20.30 Uhr: Bibellesung im Studiersaal

Ab 21.00 Uhr: Nachtruhe

Ich war es von zu Hause her nicht gewöhnt, meinen Tag so normiert und immer gleichbleibend zu verbringen, denn ich hatte daheim große Freiheiten gehabt und die Hausaufgaben in der Volksschule nahmen mich natürlich auch nicht so sehr in Anspruch. Doch so war es eben und ich dachte, dass es so sein muss, wenn man später studieren und Priester werden wollte.

An diesem Ziel hatte ich auch persönlich keinerlei Zweifel. Und ich dachte in meinem kleinen Bubenhirn, wenn ich mich anstrengte, würde ich dereinst im Passauer Dom zum Priester geweiht werden und könnte dann als Kaplan und später als Pfarrer das Evangelium verkünden und Gutes tun, so wie mein großes Vorbild, der Julbacher Pfarrer, Herr Johann Grashuber.

Julbacher Pfarrer
Johann Grashuber

Einmal im Monat versammelten wir uns jeweils an einem Sonntag um 15.00 Uhr im Speisesaal des Seminars, um einen einstündigen Vortrag des Seminardirektors über unsere Ziele als bischöfliche Seminaristen zu hören. Natürlich stand hierbei eindeutig unser künftiges Priestertum im Mittelpunkt, auf das wir uns ja vorbereiteten. Noch seien wir eben nur „Kadetten Gottes“ und das Seminar sei ja auch nur die Vorstufe zum Priesterseminar in Passau. Die feierliche Priesterweihe im Dom und die festliche Primiz in der Heimatgemeinde seien aber der einst krönende Abschluss unserer Vorbereitung auf das Priestertum.

Einmal hielt sogar seine Exzellenz Simon Landersdorfer, Bischof des Bistums Passau, also unser oberster „Chef“, diesen Vortrag, da er wegen einer Firmung in Burghausen Station gemacht hatte und die Gelegenheit nutzte, seinen kleinen „Priesterzöglingen“ einen pastoralen Besuch abzustatten.

Der Bischof auf Visitation im Seminar

Einzug des Bischofs mit weißem Hermelin und roter Schleppe unter dem „Tragehimmel", von Priesteramtskandidaten getragen.

Beim Pontifikalamt am Sonntagvormittag in der Burghausener Stadtpfarrkirche, einem imposanten, gotischen Bau, mussten wir „Priesterzöglinge" Spalier stehen. Und es beeindruckte mich Zehnjährigen zutiefst, als der Bischof mit Mitra, rotem Talar, goldenem Brustkreuz, funkelndem Bischofsring und einer langen, mit weißem Hermelin bedeckten roten Schleppe, die von Priesteramtskandidaten des Priesterseminars Passau getragen wurde, vorüberzog.

Um ein guter Priester oder vielleicht sogar einmal ein hervorragender Bischof zu werden, müssten wir Seminaristen und Priesteramtsanwärter überall, vor allem aber auch im Gymnasium, Vorbild für Fleiß und Anstand sein und natürlich beste Noten haben. Darüber wurden wir oftmals bei unseren Sonntagsunterweisungen eindringlich belehrt.

Damit uns dies, was den Fleiß betraf, immer bewusst war, mussten wir nach der Herausgabe einer Stegreif- oder Schulaufgabe vor dem

Seminardirektor in seinem Büro nach dem Alphabet in einer Reihe aufgestellt, die erzielten Noten vor allen anderen Mitschülern sagen, die er fein säuberlich in sein Notenbüchlein eintrug. Von einer Eins zu berichten, war da natürlich super, eine Sechs zu gestehen, eher weniger.

Ich weiß heute nicht mehr, wie das damals alles auf mich wirkte. Aus meiner heutigen Perspektive erscheint mir all dies wenig auf zehnjährige oder pubertäre Buben, die wir waren, zugeschnitten zu sein und riecht schon auch nach Indoktrination.
Offenbar machte dies mir damals aber nichts aus.

Was mir aber etwas ausmachte, war eine „Vorladung" zum Herrn Direktor.

Jeder Seminarist hatte im Speisesaal zusammen mit einem Mitschüler eine Art „Spind", in dem wir Lebensmittel lagern konnten, die uns zumeist von unseren Eltern als „Fresspaket", wie wir es nannten, zugeschickt worden waren. Mein „Mit-Spind-Kollege" war ein Bauernbub aus Niederbayern, der öfters solche „Pakete" bekam und sie in unserem gemeinsamen Spind lagerte. Eines Tages fand ich darin eine lange Hartwurst, die in meinen „unerfahrenen" Augen mit weißem Schimmel übersät war. Bäääh! Das war ja furchtbar, dachte ich und fackelte nicht lange, da ich unser beider Gesundheit äußerst bedroht sah und warf die Wurst in die Mülltonne, nicht ahnend, dass ich gerade eine besonders edle Hartwurst mit weißer Haut entsorgt hatte. Denn bei unserem Julbacher Metzger war mir so ein „Wurstexemplar" noch nie untergekommen.

Natürlich hatte sich mein „Spind-Kollege" beim Direktor bitterlich beschwert, weshalb dieser mir bei meiner Vorsprache eine ordentliche Standpauke erteilte und meinen Hinweis auf meine „Julbacher Metzgereierfahrungen" nur sehr ungläubig zur Kenntnis nahm. Offensichtlich war er noch nie in Julbach und in der dortigen Metzgerei gewesen?!

Abgesehen von meiner „gourmethaften Fehleinschätzung“ mit der „weißen Hartwurst“, gingen meine gymnasialen Studien gut voran.

Aber, so gut diese auch liefen, gab es da ein großes Problem. Fast jedes Wochenende standen meine Eltern auf der Matte, um mich zu besuchen. Sie weinten, wenn sie mich zur Begrüßung umarmten und auch wenn sie sich wieder verabschiedeten. Sie kamen einfach nicht damit zurecht, dass ihr geliebter Bub, über dessen Geburt sie sich so übermäßig gefreut hatten, nicht mehr bei ihnen zu Hause war. Denn sie lebten nun ganz allein im Haus, da meine dreizehn Jahre ältere Schwester schon längst aus dem Haus und zu alledem noch weit entfernt, nämlich in München, verheiratet war.

Dass sie keine Kinder bekommen konnte und deshalb auch keine Enkel da waren, machte für meine Eltern alles noch schlimmer.

7. An der Oberrealschule Simbach kann man jetzt auch Abitur machen

Meine Eltern wussten es zunächst sicher nicht, da wir keine Tageszeitung hatten, geschweige denn ich, dass die ehemals sechsklassige, zur Mittleren Reife führende private Realschule in Simbach zur Oberrealschule erhoben worden war und 1958, also ein Jahr *vor* meinem Eintritt in das humanistische Gymnasium in Burghausen, den ersten Abiturjahrgang entlassen hatte.

Von der Bevölkerung außerhalb Simbachs relativ unbemerkt und vom damaligen Simbacher Stadtrat misstrauisch beäugt - er lehnte sogar eine beantragte finanzielle Unterstützung des Projekts ab -, hatte ein mutiger Pädagoge namens Dr. Walter Güldenapfel 1948 in Simbach eine private Realschule gegründet.

Dr. Walter Güldenapfel mit seiner legendären Aktentasche.

Als Heimatvertriebener selbst relativ mittellos, war es Dr. Güldenapfel dennoch gelungen, praktisch aus dem Nichts und auf sehr unkonventionelle, ja fast abenteuerliche Art und Weise, eine private Realschule für Buben und Mädchen ins Leben zu rufen, die es weder in Simbach, noch in Braunau für Buben **und** Mädchen nach dem Krieg gab.

Für Mädchen bestand schon seit 1909 die „Höhere Mädchenschule Marienhöhe“ mit Pensionat, gegründet und getragen vom Orden der Englischen Fräulein, die zur Mittleren Reife führte.

Institut Marienhöhe

Auch für Jungen wurde aufgrund der starken Nachfrage und der staatlichen Untätigkeit 1926 vom Orden der Englischen Fräulein auf Ordenskosten am heutigen Kirchplatz ein stattliches Gebäude errichtet, in dem das sog. „Institut Mariental“, eine höhere Schule für „Knaben“ mit Pensionat eingerichtet wurde.

Institut Mariental, Mittelschule für Knaben

Da beide Schulen vom Orden der Englischen Fräulein finanziert und demgemäß auch nach christlichen Grundsätzen gestaltet wurden, kamen sie mit der 1933 errichteten Naziherrschaft bald in Konflikt. Im Laufe ihrer zwölfjährigen Herrschaft verboten die Nazis die klösterlichen Schulen, was schließlich auch zur Schließung der beiden Simbacher Institute führte[3].

Während das „Institut Marienhöhe" nach dem 2. Weltkrieg wieder eröffnet wurde, blieb das „Institut Mariental" geschlossen, wohl auch deshalb, weil das Gebäude mittlerweile als Lazarett und später als Krankenhaus gebraucht wurde. Insofern hatte die Idee Dr. Güldenapfels, eine Realschule für Buben und Mädchen zu errichten, wenn auch zunächst nur auf privater Basis, durchaus Sinn, wofür der Staat und der Simbacher Gemeinderat aus mir nicht bekannten Gründen jedoch kein Interesse zeigten.

[3] Vgl. Homepage „Institut Marienhöhe" und „Institut Mariental"

Dennoch begann Dr. Güldenapfel 1948 mit seinem Experiment „Private Realschule“. Schüler der ersten Generation berichten noch heute begeistert, dass der Unterricht die ersten Jahre nach der Gründung in verschiedenen Gastwirtschaften der Stadt abgehalten wurde. Wo abends noch geraucht und Bier getrunken wurde, lehrten höchst motivierte, aber schlecht bezahlte Lehrer und lernten eifrige Schüler. Es wird berichtet, dass die Lehrer oft mit dem Fahrrad von Wirtshaus zu Wirtshaus hetzten, um ihren Unterricht rechtzeitig abhalten zu können.
Das Experiment gelang, trotz großer Widrigkeiten! Im Jahre 1957 genehmigte das Bayerische Kultusministerium eine Oberstufe und 1958 wurde die nunmehr neunklassige Oberrealschule endgültig verstaatlicht.

Tragischer Weise starb Dr. Güldenapfel bereits 1954 überraschend, so dass er leider die reichen Früchte seiner Anstrengungen nicht mehr ernten konnte. Wie sehr hätte er es wohl genossen zu erleben, dass aus seiner privaten Realschule nun eine staatliche Oberrealschule geworden war, an der man ganz offiziell das Abitur und damit die Studierfähigkeit an jeder Universität erwerben konnte. Und wie hätte er sich wohl gefreut, dass 1965 daraus ein „richtiges“ Gymnasium mit dem stolzen und traditionsträchtigen Namen „Tassilo-Gymnasium“ geworden war!

8. Wechsel vom humanistischen „Kurfürst-Maximilian-Gymnasium“ in Burghausen an die „Mathematisch-Naturwissenschaftliche Oberrealschule“ in Simbach/Inn im Februar 1960

Von all dem erfuhren meine Eltern erst, als sie in ihrer Not meinem Gymnasiumsdirektor in Burghausen ihr Unglück vortrugen, ihr über alles geliebte Söhnchen zu Hause in Julbach entbehren zu müssen, zumal sie ja schon ihren tödlich verunglückten Sohn Rudolf mit 9 Jahren hatten hergeben müssen.

Der weitsichtige und einfühlsame Pädagoge arrangierte daraufhin in Absprache mit dem Simbacher Leiter der Oberrealschule meinen Wechsel vom humanistischen Gymnasium an die mathematisch-naturwissenschaftliche Oberrealschule. Dies gelang wohl auch deshalb so einvernehmlich und unbürokratisch, weil beide Schulleiter eine große Portion Einfühlungsvermögen besaßen.

Ich wurde also an einem Samstag im Februar 1960, zum Halbjahreszeugnistermin, von einem Julbacher Bauern, die damals zu den Wenigen gehörten, welche im Dorf ein Auto besaßen, vom Knabenseminar St. Altmann in Burghausen abgeholt. Umfangreich war dieser Umzug ja nicht. Ein Köfferchen, mein Bettpolster samt Kopfkissen waren meine Umzugsutensilien.

Am darauffolgendem Montag trat ich meinen ersten Schultag an der Oberrealschule Simbach, sicher mit etwas klopfenden Herzen, in Begleitung meines Vaters an. Oberstudiendirektor Haberl, der damals erst kurz im Amt war, begrüßte mich sehr herzlich, ja fast väterlich und versicherte mir, dass ich auch hier mein Ziel, Priester zu werden, erreichen könnte. Offensichtlich war Herr Haberl über meine Berufsabsichten vom Burghausener Direktor instruiert worden. Damit war ich zufrieden und mein Vater auch, zumal er nun seinen Buben wieder bei sich haben durfte.

Es war für mich schon ein äußerst unangenehmes Gefühl, mein Vater hatte sich verabschiedet und war nach Hause gefahren, vom Direktor in meine neue Klasse geführt zu werden. Ich weiß es noch wie heute. Die Klassenzimmertüre ging auf und ich sah mich 30 bis 35 Kindergesichtern gegenüber, deren Augen mich neugierig musterten.

Herr Haberl stellte mich dem gerade unterrichtenden Lehrer und meinen neuen Mitschülern kurz vor, erwähnte aber gottlob nichts von meinen „Pfarrer-Ambitionen", wie ich im Stillen gefürchtet hatte, denn dies wäre von Anfang an ein guter Grund für Hänseleien gewesen. Nichts davon geschah! Da die Klasse gerade Englischunterricht hatte, an den Lehrer kann ich mich nicht mehr erinnern, kam der Direktor auch gleich auf das Problem zu sprechen, dass ich relativ schnell ein halbes Jahr Englischunterricht nachholen müsste.

Ich weiß noch genau, wie die Schüler, als wir eintraten, mit einer Zahnbürste am Lehrer-Handwaschbecken den Satz „I brush my teeth" übten, was mir schon einen kleinen Schrecken einjagte, weil ich das auch bald können müsste.

Meine Klasse, in die ich im Februar 1960 eintrat – hier mit Deutschlehrer Hering.

Als mir Herr Haberl aber versicherte, dass ich jeden Tag vor der ersten Stunde, also von 7.00 Uhr bis 7.45 Uhr, von einem erfahrenen und kompetenten Englischlehrer Nachhilfeunterricht bekäme, begann ich etwas Mut zu schöpfen.

Er stellte mir auch gleich meinen Nachhilfelehrer vor, der gerade eine Freistunde hatte und sich im Lehrerzimmer aufhielt.

Es war Herr Hanns Fickert, der „Fickert Hansi", wie ihn seine Schüler hinter seinem Rücken mit einem vielbedeutenden Schalk in der Stimme nannten. Hanns Fickert war ein relativ kleiner, aber drahtiger, braungebrannter Herr mittleren Alters, der eine sehr klare hochdeutsche Aussprache pflegte, die von seiner sonoren Stimme angenehm unterstrichen wurde. In meinem Nachhilfeunterricht lernte ich ihn als netten, geduldigen und gutmütigen Lehrer kennen, der um 7.00 Uhr früh mit Kaffeetasse und Zigarette zum Nachhilfeunterricht erschien. Ich kann mich nicht mehr erinnern, wie viel damals eine Stunde Nachhilfe kostete und wer sie bezahlte. Für meine Eltern wäre es wohl etwas viel gewesen. Deshalb vermute ich, dass da Herr Haberl seine „soziale Hand" im Spiel hatte.

9. Simbach, ein niederbayerisches Provinzstädtchen ohne altehrwürdige Tradition

Die erst 1951 zur Stadt erhobene Gemeinde Simbach/Inn hat keine lange und traditionsreiche oder bedeutende Geschichte wie Burghausen mit der längsten Burganlage Deutschlands oder wie die am anderen Ufer des Inns gelegene, uralte Stadt Braunau.

Stadtpfarrkirche Simbach

Rathaus Simbach

Während diese beiden Städte eine sehr lange Tradition besitzen und auch pflegen, war Simbach in den Sechzigerjahren des 20. Jahrhunderts nur ca. 100 Jahre alt und ihre Bedeutung als Eisenbahnerstadt war schon fast wieder vorbei.

Die altehrwürdige Stadt Braunau

Etwa in der zweiten Hälfte des 19. Jahrhunderts gegründet, entwickelte sich Simbach zunächst durch ihre wichtige Funktion im internationalen Zugverkehr „München-Wien-Budapest“ rasch und überflügelte bald den bis dahin Jahrhunderte lang wichtigen Ort Julbach, wo früher auf dem heute noch so genannten „Schlossberg“ ein Graf residierte, der die Gerichtsbarkeit in dieser Region innehatte. Im „Landshuter Erbfolgekrieg“ wurde sein Schloss 1502 jedoch zerstört, weil sich der Julbacher Graf auf die falsche, sprich Verliererseite geschlagen hatte.

Julbacher Burg in einer Fotomontage

Der Graf zog nach dem Verlust des Schlosses auf seine anderen Ländereien, aber der Gemeinde Julbach blieb das „Gerichtsrecht" erhalten, bis sie es Ende des 19. Jahrhunderts an den aufstrebenden Ort Simbach abgeben musste.

Obwohl Simbach zunächst den vorher wichtigen Dörfern, wie z. B. Julbach, den Rang abgelaufen hatte, verlief der Weg zur Stadterhebung im Jahre 1951 und auch der danach etwas langsam und zäh.

Das lag zum einen am Verlust der zentralen Bedeutung des Simbacher Bahnhofs für den internationalen Schienenverkehr, zum anderen aber auch daran, dass praktisch alle Landkreiseinrichtungen und -behörden mit allen Folgen für die Entwicklung einer Stadt von jeher in der Kreisstadt Pfarrkirchen angesiedelt waren.

Die vor dem Simbacher Bahnhof aufgestellte Dampflokomotive zeugt noch heute von der großen Eisenbahnvergangenheit der Stadt

In den Sechzigerjahren lag Simbach wohl noch in einer Art „Dornröschenschlaf". So gab es z.B. zwar ein Café in der Stadt, das „Leibenger Cafe", aber das war auch das Einzige! Es war deshalb z.B. Schulschwänzern nicht geraten, sich während der Unterrichtszeit dort die Zeit zu versüßen, da jederzeit ein Lehrer auftauchen konnte, um sich in der Freistunde mit einem Kaffee zu stärken. Auf diese Weise hat schon manches „Schulschwänzerchen" von damals einen saftigen Verweis nach Hause getragen. Ich auch!

Leibenger Café

Natürlich gab es auch ein „Modehaus" in der Stadt, allerdings nur ein Einziges, in dem man sich mit aller Art von Bekleidung eindecken konnte. Da das Sortiment des Modehauses aber nicht allzu umfangreich war, konnte es schon vorkommen, dass der Chef des Hauses bei einem Sakko, das dem Käufer sichtlich zu groß war und um seine Schultern schlabberte, meinte: „Salopp! Salopp! Des hodma heid a so!" Und wenn der Kunde noch Zweifel beim Blick in den Spiegel hatte, raffte der Modehauschef geschickt mit einer Hand das Sakko am Rücken, so dass es passend erschien. War das Sakko zu eng und konnte man es nur mit etwas Mühe zuknöpfen, meinte er, dass ein eng geschnittenes Sakko bei den Modebewussten zur Zeit „in“ sei und man das Sakko ohnehin heutzutage nicht mehr zuknöpfe. Und außerdem: „Bei eana basst des subba, wei´s d`Figur danach ham!“ Das wirkte fast immer!

Durchaus vielfältig war das Angebot an Restaurants und Gasthäusern mit Hausmannskost, wie z.B. Schweinsbraten, Wiener Schnitzel oder Leberkäse mit Spiegelei. Restaurants mit exquisiter Speisekarte waren jedoch nicht vorhanden, weil wohl das Publikum dafür fehlte. Ebenso fehlte es auch an Hotels gehobener Klasse, da wahrscheinlich keine Nachfrage vorhanden war.

Es fehlte auch an einem Schwimmbad, das man als solches bezeichnen hätte können. Umso schöner und moderner war das 1964 eröffnete Simbacher Freibad mit einem Schwimmbecken aus Aluminium, das damals in Deutschland einzigartig war.
Trotz dieses Fortschritts fehlten zu dieser Zeit aber Tennis-, Golf-Minigolf-, Bolzplätze und sonstige Freizeiteinrichtungen, wie z. B. auch ein Eisstadion. Lediglich ein Fußballplatz war vorhanden.

Traditionelle Pfingstdult am Kirchplatz von Simbach/Inn in den Sechzigerjahren

Eine willkommene Abwechslung für Jung und Alt war die jährliche „Pfingstdult" auf dem Kirchplatz mitten in der Stadt mit Fahrgeschäften wie „Puffauterl", wie wir sagten, Schaukeln und kulinarischen Schmankerlbuden. Für die Jugend ab ca. 16 Jahre gab es am Wochenende im „Grainersaal" eine Art „Disko" mit einem DJ, wie man heute sagen würde, womit jedoch der heutigen Jugend nur ein müdes Lächeln abzugewinnen wäre. Die größte Attraktion dabei war eine große Kugel, besetzt mit Spiegelmosaiken, die sich hoch über den Köpfen der Tanzenden drehte und dabei von verschieden farbigen Spots angestrahlt wurde.

Die ständig wechselnde Beleuchtung in unterschiedlichen Farben auf der sich beständig drehenden Spiegelkugel konnte den jungen Tänzern, unterstützt von der im Rhythmus stampfenden Musikaction, schon gehörig einheizen.
Dieses harmlose Tanzvergnügen galt damals bei Eltern, Lehrern und Pfarrern fast schon als „verrucht"! Das „Sündenbabel" war in deren Augen jedoch das Braunauer Nachtleben und ganz besonders die dortige „Almbar". Davon aber noch später.

Simbach war eben damals wie alle anderen niederbayerischen Kleinstädte tiefste Provinz, in die neue Moden und Aktualitäten der Großstädte immer erst sehr zeitversetzt und damit spät oder gar nicht ankamen.

Deshalb war es Mitte der Sechzigerjahre eine echte Sensation, als ein Italiener die erste Eisdiele in Simbach eröffnete. Das war für Jung und Alt ein Erlebnis und ein tolles Lebensgefühl, auf der Terrasse vor der Eisdiele einen Eisbecher mit Sahne zu verspeisen und weltgewandt dem rassigen italienischen Kellner „Grazie" zuzurufen.

Dass sich auch ein Pizzabäcker damals nach Simbach verirrt hätte, konnte ich bis zum Abitur nicht ausmachen. Erst einige Jahre später, bei einer Studienreise nach Rom mit unserem Kirchengeschichtsprofessor, lernte ich die italienische Pizza kennen und schätzen.

Es gab aber noch eine weitere „Sensation“ in Simbach: Der erste Supermarkt wurde von der Firma Tengelmann Mitte der Sechzigerjahre in der Schulgasse eröffnet. Hier konnte man zum Erstaunen aller mit einem Einkaufswagen im Laden herumfahren und selbst die Waren aus dem Regal nehmen. Das war damals absolut neu und sensationell, kannte man doch nur die sog. „Tante Emma-Läden“.

Und noch etwas Neues kam in die Stadt. Ein richtiges Kaufhaus! Das Kaufhaus „Stock und Steubl“ öffnete seine Pforten in der Münchener Straße. Dort bekam man fast alles, was man brauchte in einem einzigen Geschäft und musste nicht viele verschiedene Läden abklappern.

Und nicht nur das! Beim neu eröffneten Kaufhaus gab es auch eine Art Café mit Schnellimbiss, der von uns Schülern gern und oft besucht wurde. Denn er war verhältnismäßig billig und es gab „Pommes mit Currywurst und Ketchup“, was für uns eine bisher unbekannte Delikatesse war.

Ich erinnere mich noch genau, wie die Imbiss-Verkäuferin, des Englischen natürlich nicht mächtig, fragte, „Pommfritz mit oder ohne Ketch Up“, was für manche Simbacher ganz normal und richtig klang, weil viele die englischen Ausdrücke aussprachen, wie sie sie lasen.

Trotz aller Provinzialität war für mich Dorfbuben Simbach sehr wohl eine richtige Stadt mit allem, was für mich dazu gehörte, da es dort vieles gab, wie z.B. ein Café, einen Supermarkt, ein Kaufhaus, eine Buchhandlung, ein Schreibwarengeschäft, eine Höhere Schule und ein Rathaus sowie einen „riesigen“ Bahnhof. Das alles gab es in meinem Dorf Julbach nicht!

10. Die Simbacher Oberrealschule: Ein gelungener Neubau aus bzw. der Heraklith?

Schule als Geschenk

Für die Simbacher Bevölkerung war es wohl ein Highlight, dass ihre Kinder ab 1958 nun auch in ihrer Heimatstadt das Abitur ablegen konnten und nicht wie früher hierfür nach Pfarrkirchen, Burghausen oder Passau ins Internat gehen mussten.

Da dies jedoch nicht auf Dauer ohne eigenes Schulgebäude zu machen war, wurde 1954 vom neu gegründeten „Realschulverein"- der Gründer Dr. Güldenapfel war 1954 plötzlich verstorben - der Neubau eines eigenen Schulgebäudes intensivst betrieben.

Rohbau der Schule

Am 15. Januar 1956 war das neue Schulgebäude am Kirchplatz in der Stadtmitte fertiggestellt und feierlich eingeweiht worden. In den Jahren 1959/60 erfolgte der Anbau des naturwissenschaftlichen Traktes.

Der ganze Schulkomplex von von oben

Das neue Schulgebäude von vorne

In dieses funkelnagelneue Schulgebäude begann ich, wie schon erwähnt, im Februar 1960 meine Simbacher „Gymnasialzeit", die zunächst aber meine Simbacher „Oberrealschulzeit" war.

Ganz im Gegensatz zu den alten, manchmal düsteren und verwinkelten Gebäulichkeiten des ehrwürdigen, humanistischen „Kurfürst-Maximilian-Gymnasiums" in Burghausen betrat ich in Simbach ein helles, modernes Gebäude mit großen Fenstern in den lichtdurchfluteten Klassenräumen, von denen man einen schönen Blick zum mächtigen Kirchturm des Braunauer Münsters auf der bereits österreichischen Seite des Inns hatte.

Treppenhaus

Klassenzimmer

Musiksaal

Physiksaal

Blick nach Braunau vom Klassenzimmer aus

Rückansicht der Schule

Zum Simbacher Kirchplatz gerichtet, schmückten im Erdgeschoß und in den beiden Stockwerken des Schulgebäudes überdachte Balkone in Klassenzimmergröße die Fassade. Diese dienten bei Regen als Pausenaufenthaltsorte, im Sommer als Möglichkeit, den Unterricht an der frischen Luft abzuhalten.

Damals kursierte unter uns Schülern das Gerücht, dass das Schulgebäude mit Heraklithmatten gebaut worden wäre, die in der schon erwähnten Simbacher Heraklithfabrik hergestellt wurden.

Einige meinten sogar zu wissen, dass der Direktor des Heraklithwerks die Schule für seinen Sohn gebaut hätte, damit der nicht in ein Internat weit weg von zu Hause müsste, um das Abitur zu erlangen.

Wieder andere behaupteten, dass das Heraklithwerk mit dem Bau der Oberrealschule in Simbach beweisen wollte, dass seine Matten so stabil seien, dass man damit auch ein so großes Gebäude wie eine Schule bauen könne. Wie dem auch sei, ich kenne bis heute nicht die genaue Wahrheit. Im Internet kann man dazu heute folgendes lesen: „Hinter dem Förderverein (der Realschule = Anm. d. Verf.) standen große Simbacher Betriebe wie die Heraklith AG, welche die Akzeptanz der Schule in der Öffentlichkeit wesentlich erhöhten."

Und Studiendirektor Erich Wahrendorf schreibt in seiner Publikation „Die Geschichte des Tassilo-Gymnasiums in Simbach am Inn (1948 bis 1988): Josef Nössing, der Direktor der Heraklith AG, „war zu dieser Zeit Simbachs prominentester Bürger. Sein Sohn Frank besuchte die Unterstufe der privaten Realschule. Josef Nössing gehörte also dem Elternbeirat an.

Direktor Josef Nössing,
Direkter der damaligen Heraklith-AG und großer
Förderer des Schulneubaus der Simbacher Oberrealschule

Als tatkräftiger Unternehmer packte er die Sache der Schule an und besaß auch Mittel und Wege, der Schule voran zu helfen".[4]

An dem zu meiner Zeit kursierendem Gerücht war offensichtlich doch etwas dran.

Denn Wahrendorf schreibt in seiner Publikation weiter: „Der Löwenanteil an den Baukosten von ca. 1.000.000 DM, die zu 90 % aus Spenden aufgebracht wurden, trug die Heraklith AG. Am 01.10.1958 schenkte die Heraklith AG namens des Direktors das neue Gebäude der Stadt Simbach am Inn mit notarieller Beurkundung."[5]

---

[4] Vgl. Wahrendorf, E.: Die Geschichte des Tassilo-Gymnasiums in Simbach am Inn (1948 bis 1988). Simbach, 1998, S. 54
[5] Wahrendorf, E.: Ebd. S. 58

Neue Schule zu verschenken

1956 „Stern"

Direktor Josef Nössing von den Heraklithwerken des bayrischen Grenzstädtchens Simbach greift sich an den Kopf. Für eine Million Mark hat er den 200 Realschülern der Gemeinde ein mit allen Raffinessen ausgestattetes Schulhaus gebaut, nachdem die Regierung von Bayern die Industrie aufgefordert hatte, dem Staat bei der Beseitigung der himmelschreienden Schulraumnot finanziell unter die Arme zu greifen. Und diese Not war für die Simbacher besonders groß, seit 1945 die Realschule im gegenüberliegenden österreichischen Braunau, die sie bisher besuchten, für Deutsche gesperrt wurde. In einem alten Gasthof mußte der Unterricht stattfinden. Der Zustand war unhaltbar. Direktor Nössing griff zum Scheckbuch. Voller Freude teilte er München jetzt mit, seine Firma schenke dem Land den neuen Bau. Aber die Regierung winkte ab. Die Begründung ist haarsträubend: für die vier Putzfrauen, den Hausmeister und die zwölf Lehrer sind keine Planstellen frei. Auch noch den Schulbetrieb finanzieren — das wäre zuviel.

Die Bayerische Regierung, der Nössing zuerst das neue Schulgebäude schenken wollte, hatte 1956 das Geschenk ausgeschlagen, wie der „Stern" im Jahr 1956 mit dem Titel „Neue Schule zu verschenken" süffisant berichtete: „Für die Putzfrauen, den Hausmeister und die zwölf Lehrer sind keine Planstellen frei. Auch noch den Schulbetrieb zu finanzieren – das wäre zuviel", unkte der „Stern".

Als ich im Februar 1960 eintrat, hatte die Simbacher Oberrealschule so gut wie alle Räumlichkeiten und Einrichtungen, die eine Höhere Schule braucht zur Verfügung: ausreichend viele Klassenzimmer, genügend Fachräume für Physik, Chemie, Biologie, Kunstunterricht und Musikerziehung. Es fehlte nur noch eine richtige Aula, die aber damals beim Schulbau allgemein noch nicht als so unverzichtbar angesehen wurde wie heute. Vor allem aber mangelte es an einer schuleigenen Turnhalle.

Obwohl sich die Stadt Simbach bereits bei der Verstaatlichung der Schule im Jahre 1959 zum Bau einer schuleigenen Turnhalle verpflichtet hatte, war bis zu meinem Abitur im Jahre 1968 dieses Versprechen uneingelöst geblieben.

Erst im Schuljahr 1970/71 wurde von der Stadt Simbach eine eigene Turnhalle für das nunmehrige Tassilo-Gymnasium auf dem Gelände der Schule errichtet. Weitaus besser war es von Anfang an um den Pausenhof des Gymnasiums bestellt.

Pausenhof

Der Pausenhof lag innerhalb des Schulkomplexes, der mit dem naturwissenschaftlichen Fachtrakt eine Art offenen Innenhof bildete. Er war ein mit Blumenbeeten und Büschen etwas sparsam gestaltetes Rondell, um das ein mit kleinen Granitsteinen gepflasterter Rundweg führte, auf dem die Schülerinnen und Schüler ihre Pausenrunden drehen konnten.

Pausenhof mit „Jüngling“

Man biss in sein mitgebrachtes Brot oder in eine beim Pausenverkäufer für einige Zehnerl erstandene Butterbreze oder Käsesemmel und trank die ebenfalls vor Ort gekaufte Milch oder einen Kakao dazu.

Hier wurde natürlich geratscht und gelacht. Es kam aber auch gar nicht so selten vor, dass man vor der Latein-, Englisch- oder Mathe-“Schucksn“, wie wir statt Schulaufgabe in unserem Schülerslang sagten, bibberte und sich noch schnell einige Vokabeln oder Formeln einzuprägen versuchte oder sich einen Spickzettel, wir sagten dazu „Spicker“, schrieb.

Es ist gerade Pause

Wenn hierbei Mitschüler mit Fachbegriffen nur so jonglierten, sackte oft mein Herz ganz in die Hose und ich dachte mir, jetzt kannst du gar nichts mehr! An solchen Tagen wünschte ich mir manchmal, wenn ich auf dem Schulweg an einer Baustelle vorbeikam, für einen Tag ein Bauarbeiter zu sein. Dieser Wunsch war aber sehr schnell wieder vorbei, wenn die „Schucksn“ geschrieben und es mir gar nicht so schlecht dabei ergangen war.

Schlimm empfand ich Mitschüler, die vor der Schulaufgabe regelmäßig sagten, sie hätten gar nichts gelernt und würden wahrscheinlich eine Sechs schreiben. Und noch schlimmer empfand ich es, wenn diese Schüler bei der Herausgabe der korrigierten Schulaufgabe ganz überrascht taten und mit den Worten „des gibts ja ned!" wie immer eine Eins bekommen hatten.

Gerauft oder geschlägert wurde meines Wissens so gut wie nie. Zum einen nicht, weil immer zwei Lehrer Pausenaufsicht führten, zum anderen aber auch deshalb nicht, weil uns im „rauffähigen" Alter ungefähr ab der Mittelstufe zunehmend die „Amore" im Kopf herumspukte.

Da war nicht rohe Gewalt, sondern süßholzraspelndes „Anbandeln" angesagt. Und da gab es im Pausenhof herrliche Möglichkeiten.

Da konnte man zum Beispiel ganz gelangweilt und lässig an der Hausmauer der Schule lehnen und darauf warten, dass die „Angeschmachtete" vorbei flanierte. Leider war meist eine Freundin Arm in Arm dabei, was jedoch auch wieder nicht ganz so schlecht war. Denn hier war es nicht schwer, sich der kleinen Runde beiläufig anzuschließen und begeistert sowie begierig den vermeintlich wunderbaren Klängen der Stimme seiner „Traumfrau" zu lauschen. Nur ein Lächeln der „Schönen" zu erhaschen oder einen lieben Blick zu empfangen, war schon ein Mut machender Anfangserfolg.

Ein Date, wie z.B. einen gemeinsamen Besuch in der italienischen, erst kürzlich eröffneten Eisdiele von „Giovanni Amadei", auszumachen, war dann schon ein schöner Anfangserfolg, auf dem man die nächsten Unterrichtstunden und Tage wunderbar auf rosa Wolken schwebend verbringen konnte, bis einen der große Tag des Treffens von diesen wohligen Träumen erlöste.

Natürlich konnte so ein „waghalsiges" Unternehmen auch ordentlich in die Hose gehen, sei es, weil die „Braut" das vorgeschlagene Date schon gar nicht annahm und hochnäsig mit ihrer Freundin Arm in

Arm weiter stolzierte oder die Einladung annahm, aber zum verabredeten Termin nicht auftauchte. Das Schlimmste war jedoch, wenn man sie bald darauf innig verschlungen oder gar „bussierend“ mit einem Kerl meist aus einer höheren Klasse sehen musste!

Ein eventuell drohender und natürlich gefürchteter Misserfolg des amourösen „Unternehmens“ ließ sich aber sehr leicht verdrängen, wenn man sich in der nach der Pause folgenden Stunde erträumte, die angebetete „Fee“ nach der Eisdiele durch die sogenannte „Kussallee“ führen zu dürfen, die damals noch nicht beleuchtet war und dabei einige „amourös-innige“ Stopps einzulegen. Sollte aber doch etwas schiefgehen, so gab es ja an jedem Schultag zwei Pausen mit neuen Chancen und außerdem hatten andere Mütter auch hübsche Töchter! Und überhaupt!! Da war ja noch der Heimweg von der Schule mit tausend Möglichkeiten! Der „Hauptgewinn“ war also noch im Pott!

Bibliothek

Ein schöner Pausenhof ist für eine Schule sehr wichtig, ersetzt aber natürlich nicht eine gut ausgerüstete Schulbibliothek. Und daran mangelte es sehr. Die Oberrealschule Simbach und und auch das spätere „Tassilo-Gymnasium“ hatten zu meiner Schulzeit keine. Dies war um so schmerzlicher, weil es in der Stadt Simbach auch keine gut ausgerüstete Stadtbücherei gab.

Wenn ich mich richtig erinnere, gab es damals seitens der Stadt nur ein „Bibliothekchen“, das im 1. Stock des Rückgebäudes der Grainer Gastwirtschaft untergebracht war. Zu dieser „Mini-Bibliothek“ gelangte man über eine knarzende, uralte Holztreppe. Oben angekommen, wurde man in der Ausleihe als Schüler „mütterlich“ von wohl ehrenamtlich tätigen Rentnerinnen empfangen. Die Freundlichkeit der „Bibliothekarinnen“ war zwar sehr groß, die Auswahl an Büchern jedoch recht bescheiden, vor allem in den für eine Höhere Schule wichtigen wissenschaftlichen Bereichen fehlte fast alles.

11. Die Schüler der Oberrealschule bzw. des Tassilo-Gymnasiums in den Sechzigerjahren

Schulsituation in Simbach

Die *Oberrealschule Simbach* besuchten bei meinem Eintritt im Februar **1960** meiner heutigen Schätzung nach *ca. 250 bis 300 Schüler in neun Jahrgangsstufen.* Parallelklassen (z.B. 1 a; 1 b; 1 c) gab es zu dieser Zeit noch in keiner Jahrgangsstufe, da hierfür die Schülerzahl zu gering war. Das änderte sich erst nach einigen Jahren etwas.

Offensichtlich schaffte es die Simbacher Oberrealschule in den Sechzigerjahren nicht so rasch, wie vielleicht gewünscht, in das Bewusstsein einer breiten Öffentlichkeit zu gelangen. Dies galt wohl für die Stadt Simbach, aber noch mehr für die umliegenden, sehr ländlich geprägten Dörfer.

Viele Haushalte bezogen damals keine Tageszeitung, weshalb es für die neue Höhere Schule schwer war, sich durch mediale Präsenz bekannt zu machen.

Hinzu kam, dass es damals noch schwieriger war als heute, bildungsfernere Eltern zu motivieren, ihre Kinder auf eine ihnen meist völlig unbekannte Schulform wie das Gymnasium zu schicken. Und solche Eltern waren in der sehr ländlich geprägten Region Niederbayerns aufgrund der damaligen und wohl auch großteils heute noch vorhandenen Bevölkerungsstruktur häufig anzutreffen.

Wie bereits geschildert, war es deshalb zum Beispiel auch in meinem Dorf Julbach äußerst unüblich, dass Landkinder diesen schulischen Weg einschlugen. Vor allem für Mädchen meinte man damals oft, würde sich eine höhere Schule oder gar ein Studium nicht lohnen, da diese ja ohnehin einmal heiraten, Kinder kriegen und als Hausfrau und Erzieherin der Kinder ihren Platz im „trauten“ Heim finden würden.

Maximal kam, aber nur bei schon etwas aufgeschlosseneren Eltern, für ein Mädchen damals der Besuch der Mittelschule Marienhöhe in Simbach, die von Klosterschwestern geleitet wurde, in Frage, was, so dachten sie wohl, sicher für die Formung der gewünschten Persönlichkeit einer künftigen Mutter und Hausfrau nicht schaden würde.

Für Buben gab es in den Sechzigerjahren in Simbach und im Umkreis von ca. 30 Kilometern *keine Möglichkeit, an einer Mittelschule die Mittlere Reife zu erlangen.* Denn das Institut „Mariental" für Buben, das vor dem Krieg hierfür von den Marienhöher Klosterschwestern gegründet worden und im Krieg von den Nazis geschlossen worden war, existierte nicht mehr, aus bereits dargelegten Gründen.

Auf diesem Hintergrund war es für die *Oberrealschule* durchaus als Erfolg anzusehen, wenn sie *in den Sechzigerjahren bei den Eingangsklassen mit ca. 30 bis 38 Buben und Mädchen starten konnte.*

Ich habe heute natürlich kaum mehr genauere Vorstellungen von der Größe und auch nicht von der geschlechtsspezifischen Zusammensetzung meiner 1. Klasse, in die ich im Februar 1960 eintrat. Meiner Erinnerung nach waren Buben und Mädchen zu etwa gleichen Teilen in der Klasse vertreten, was unter den vorher geschilderten Umständen eher überraschend gewesen wäre.

Bei so manchem Mädchen mag die Motivation, die Oberrealschule von Anfang an und nicht zunächst die Marienhöhe zu besuchen, darin gelegen sein, dass es hier das Abitur ohne Schulwechsel machen konnte. Denn die Schülerrinnen der Marienhöhe, die dort nur bis zur 6. Jahrgangsstufe, also bis zur Mittleren Reife, geführt werden konnten, mussten an die Oberrealschule wechseln, wenn sie doch noch das Abitur machen wollten.

Auch mag damals das oftmals eher strenge und prüde „Regiment" der Klosterschwestern von manchen etwas konservativ eingestellten

Eltern durchaus als die richtige Erziehung für ihre Töchter erschienen sein, für etwas fortschrittlichere Eltern war es aber nicht besonders anziehend. So hörte ich von Schülerinnen der Marienhöhe, dass sie keine langen Hosen tragen durften und wenn, z.B. im Winter, mussten sie darüber einen Rock anziehen.

Auch beim Tanzkurs gingen die Nonnen in ihren Augen den vermeintlich „tugendhafteren“ Weg. Da man zum Tanzen nun mal Männer braucht, die Schwestern dabei aber auf Nummer sicher gehen wollten, verfrachtete man zu diesem Zweck ca. 30 bis 50 Offiziersanwärter aus der nahe gelegenen Pockinger Bundeswehrkaserne in einen Bus, um sie als Tanzpartner für die Marienhöher Mädchen anzukarren.

Da sich die jungen Männer und die Mädchen nach der Tanzstunde kaum mehr sehen würden, glaubten die Klosterschwestern allen unsittlichen Möglichkeiten den Riegel vorgeschoben zu haben.
Außerdem meinten sie wohl, dass Offiziersanwärter moralisch höher und „ritterlicher“ einzustufen seien als gewöhnliche junge Männer aus Simbach und Umgebung.

Diese und andere *„pädagogischen Merkwürdigkeiten“* der klösterlichen Schule „Marienhöhe“ geschahen sicher in bester Absicht. Sie können keinesfalls die großen Verdienste der Englischen Fräulein für die Förderung der höheren Bildung in Simbach beeinträchtigen. Dafür war ihr positives schulisches Wirken in dieser Region viel zu gravierend und absolut pionierhaft!

Probleme der Fahrschüler

Für die Organisation des Unterrichtsbetriebs der Oberrealschule waren die *Fahrschüler* etwas problematisch, da wegen dieser Schülergruppe die Unterrichtszeiten mit den von Zeit zu Zeit wechselnden Fahrplänen der Eisenbahn in Einklang gebracht werden mussten. Exklusiv auf die Unterrichtszeiten abgestimmte Zugfahrpläne gab es natürlich nicht. Denn die Gestalter dieser Fahrpläne mussten ihre Ankunfts- und Abfahrtszeiten der Züge nämlich nicht nur an den Stundenplänen der verschiedenen Schulen orientieren, sondern auch an den Arbeitszeiten der berufstätigen Fahrgäste. Und für jede Gruppe eine eigene, ganz passende Verbindung zu organisieren, wäre für die Bahn äußerst unrentabel gewesen, da hierfür sicher die Zahl der jeweiligen Passagiere nicht ausgereicht hätte.

Deshalb fuhr mein Zug in Julbach am Morgen bereits um 10 Minuten vor 7.00 Uhr ab und kam bereits um 5 Minuten vor 7.00 Uhr in Simbach an. Für die Erwerbstätigen, die damals noch viel häufiger als heute bereits um 7 Uhr ihre Arbeit begannen, war dies passgenau geplant. Wir Fahrschüler waren jedoch fast eine Stunde vor Unterrichtsbeginn in der Schule.

Natürlich konnten wir uns bereits um diese frühe Zeit im Schulgebäude aufhalten und waren dadurch vor schlechtem Wetter oder vor Kälte im Winter geschützt. Damit wir Fahrschüler uns auch ordentlich benahmen und uns nichts passierte, gab es ab 7.00 Uhr und nach Unterrichtsschluss ab 13.00 Uhr eine Aufsicht, die dazu eingeteilte Lehrer durchführten. Übermütig und kraftstrotzend wie wir Buben in den unteren Klassen bereits um diese frühe Morgenstunde waren, spielten einmal mein „Fahrschüler-Spezl“ Siegi und ich im Garderobenraum, den jedes Klassenzimmer damals besaß, mit den dort hängenden Matchsäcken Fußball, die an den Kleiderhaken mit Trainingsklamotten für den Sportunterricht deponiert waren.

Wir waren gerade richtig in Fahrt gekommen, als der Aufsicht führende „Professor“, so sprachen wir damals unsere Lehrer unisono an, wohl vom Lärm angezogen, plötzlich im Türrahmen der Garderobe stand. Es war unser Matheprofessor, Herr Traup.

Ohne übermäßig zu schimpfen oder gar zu brüllen, teilte er uns mit, dass jeder von uns als Strafe eine Stunde Arrest bekäme. Das war innerhalb des „normalen Strafarsenals“ (Klassenbucheintrag, Verweis, Arrest) die gravierendste Strafmaßnahme, die sowohl eine Mitteilung an die Eltern als auch eine Stunde unter Aufsicht Nachsitzen bedeutete, wobei man aber nicht einfach in die Luft schauen konnte, sondern eine Strafarbeit zu erledigen hatte.

Dass unser „Matheprof“ so ein „scharfer Hund“ war, überraschte uns sehr, da wir ihn vom Unterricht her als einen geduldigen und freundlichen Lehrer gewohnt waren. Möglicherweise wollte er uns aber nur frühzeitig zeigen, „wo der Bartl den Most holt“, damit er fürderhin bei seiner Morgenaufsicht seine Ruhe hatte.

Noch etwas ist erwähnenswert im Zusammenhang mit meinem Fahrschülerdasein. Ich kann es selbst fast nicht glauben, aber es war so!

Wir fuhren die ersten Gymnasialjahre noch mit einer Dampflokomotive, die gefährlich zischte, fauchte und gellend pfiff, wenn sie in den Bahnhof einfuhr und irgendwie ungeduldig stampfte, bis sie wieder loslegte. Während der Fahrt konnte man von Waggon zu Waggon über mit Scherengittern aus Metall gesicherte Übergänge im Freien wechseln, wobei man sich den frischen Fahrtwind, vermischt mit rußigem Dampf der Lok, um Ohren und Nase wehen lassen konnte. Kam der Zug in die Nähe eines unbeschrankten Bahnübergangs, so stieß die Lokomotive ihren typischen, gellenden Pfiff aus, der schon von weitem gehört werden konnte.

Stampfende und zischende Dampflok im Bahnhof

Dass nach einigen Jahren diese herrlichen Lok-Ungetüme durch friedlich, aber irgendwie langweilig vor sich hin brummende, rot gestrichene Schienenbusse abgelöst wurden, die auch nur noch aus zwei Waggons bestanden, erschien uns damals wohl als Fortschritt, rückblickend war es aber sicherlich ein Verlust an Romantik.

Die roten Schienenbusse lösen die Dampfloks ab.

Fahrschüler zu sein, hatte aber neben den langen Wartezeiten vor und nach dem Unterricht auch noch andere Nachteile.

Zum Beispiel war man von Unternehmungen der Stadtschüler am Nachmittag oder am Abend völlig ausgeschlossen, so lange man noch kein Moped, Motorrad oder Auto fahren durfte, immer vorausgesetzt, dass man so ein Gefährt besaß oder es von den Eltern ausgeliehen bekam.

Und selbst wenn man so eine Gelegenheit hatte, war es natürlich für einen Fahrschüler aufwändiger, nach der Schule, z.B. am Spätnachmittag nach Erledigung der Hausaufgaben, nochmal den meist eine ganze Reihe von Kilometern betragenden Weg nach Simbach zurückzulegen. Da tat sich ein Stadtschüler schon viel leichter, weil er nur einige Straßen zurücklegen musste, um seine „Schulspezln" zu treffen und einen abzufeiern.

Entfremdungen

Als Fahrschüler war man natürlich von Haus aus in seine jeweilige Dorfgemeinschaft sowie seine Herkunftsfamilie eingebunden.

Dass man damals im Dorf auch schon über einen Gymnasiasten sagte, dass er „studiere" und ihm dadurch eine gewisse Hochachtung entgegenbrachte, schmeichelte manchmal. Diese Denkart war aber auch, neben einer Reihe anderer Aspekte, geeignet, eine gewisse Entfremdung zwischen den Gymnasiasten und deren ehemaligen Volksschulkameraden des Dorfes aufzubauen.

Eine meiner intensivsten Freundschaften mit einem Mitschüler aus meiner ehemaligen Volksschulklasse ging auf diese Weise langsam, aber stetig „den Bach hinunter". Bis zum Ende seiner achtjährigen Volksschulzeit störte unsere Freundschaft, dass er am Nachmittag mehr Zeit für Freizeitunternehmungen hatte als ich, da ich meist in dieser Zeit mit Hausaufgaben beschäftigt war.

Nach Abschluss der Volkschule begann mein ehemaliger „Volksschul-Freund“ eine KFZ-Mechaniker-Ausbildung bei den Wacker-Werken in Burghausen, die es während der Woche fast unmöglich machte, etwas gemeinsam zu unternehmen, da er erst spät am Abend und dann todmüde nach einer einstündigen Fahrt mit dem Werksbus nach Hause kam. Da er sehr sportlich veranlagt und begeistert war, schloss er sich bald der Leichtathletik-Sportgruppe der Wacker-Werke an, mit der er häufig an den Wochenenden in ganz Bayern zu Wettkämpfen unterwegs war. Also fielen auch manche Wochenenden für gemeinsame Freizeitunternehmungen aus. Und so verlief unsere Freundschaft langsam im Sande.

Auch die erwachsenen Dorfbewohner begegneten damals einem Gymnasiasten - noch dazu, wenn er „auf Pfarrer studierte“, wie man im Dorf sagte - etwas anders als einem Volksschüler, den sie eher als einen der ihren betrachteten.

Man war zwar Kind bzw. Jugendlicher seines Dorfes, aber auch nicht mehr so ganz richtig zugehörig.

Dieser Zwiespalt war manchmal etwas schwierig zu meistern, da man ja täglich seine „Peer-Group“ wechselte, wie man heute gerne sagt: Vormittags in seiner Gymnasiums-Klasse in der Stadt, nachmittags zu Hause bei seinen Eltern, evtl. Großeltern und Geschwistern, die vielleicht „nur“ die Volksschule besuchten oder besucht hatten, auf dem Dorf.

Heute wird das meist viel entkrampfter gesehen, da ein Besuch des Gymnasiums diesen Nimbus weitgehend verloren hat. Dorfkinder besuchen eine höhere Schule ziemlich selbstverständlich, zumal es diese heute auch meist im näheren Umkreis und nicht nur in weit entfernten Städten gibt.

12. Die Schülereltern der Simbacher Oberrealschüler bzw. Gymnasiasten

Soziale Schichtzugehörigkeit

Zum Schuljahresbeginn gehörte es zu den Verwaltungsaufgaben des jeweiligen Klassleiters, die „soziale Gliederung der Schülereltern" zu erfassen, die dann jedes Jahr im jeweiligen Jahresbericht abgedruckt wurde. Da hieß es dann, bitte aufzeigen, wenn die für deinen Vater zutreffende berufliche Gruppierung genannt wird. Nach dem Beruf der Mutter wurde nicht gefragt.

Der Klassleiter begann immer mit „Mittlere Beamte und Angestellte des öffentlichen Dienstes", danach kamen „Selbstständige Handwerker und Gewerbetreibende", dann „Alleinstehende Frauen (Witwen, Frauen von Vermissten)", „Private Angestellte", „Selbstständige Industrielle und Kaufleute", „Freie Berufe mit akademischer Vorbildung", „Arbeiter", „Landwirte", „Höhere Beamte und Angestellte des öffentlichen Dienstes", „Bundeswehr-Angehörige, ehemalige Offiziere", „Rentner" und „sonstige Berufe".

Wenn man die damals erhobenen Zahlen zur sozialen Gliederung der Oberrealschule im Schuljahr 1959/60, also meines Schuleintritts, betrachtet, fällt auf, dass Kinder von Akademikereltern mit 10%, Arbeiterkinder aber nur mit 7% vertreten sind, und es wird deutlich, dass Arbeiterkinder, bezogen auf ihren Anteil an der Gesamtbevölkerung, zu dieser Zeit sehr unterrepräsentiert waren. Denn der Anteil der Arbeiter war damals in der sehr ländlich geprägten Simbacher Region sicher um Vieles höher als der der Akademiker. Dennoch schickte diese kleinere Elterngruppe deutlich mehr Kinder auf die höhere Schule als Arbeitereltern.

Betrachtet man jedoch die soziale Zugehörigkeit der anderen Eltern, die ebenfalls ihr Kind damals an die Oberrealschule Simbach geschickt haben, so stellen selbstständige Handwerker und Gewerbetreibende mit 14% und selbstständige Industrielle bzw. Kaufleute mit 10%, insgesamt also mit fast einem Viertel, die zweitgrößte Schülergruppe.

Den größten Anteil haben allerdings mit 27% mittlere Angestellte des Öffentlichen Dienstes und Beamte. Nimmt man die 11% Kinder von privaten Angestellten noch hinzu, so bilden Eltern mit wahrscheinlich meist mittleren Bildungsabschlüssen die größte Schülergruppe. Beide Gruppen, also die Selbstständigen und die Angestellten, könnte man als „bürgerlich“ und gut bis sehr gut situiert betrachten, was bedeutet, dass der größte Zulauf zur höheren Schule in Simbach aus der großen bürgerlichen, meist gut situierten Mitte der Bevölkerung kam. Ein Vergleich der sozialen Gliederung sechs bzw. sieben Jahre später zeigt nur geringe Verschiebungen auf.

Hervorzuheben ist jedoch, dass der Anteil der Arbeiterkinder innerhalb dieses Zeitraums kontinuierlich auf 13% im Schuljahr 1964/65 und im Schuljahr 1965/66 sogar auf 17% gestiegen ist. Dies bedeutet eine Spitzenposition im Vergleich mit dem bayernweiten Durchschnitt, der die 10%-Marke nie überschritten, sondern eher unterschritten hat. Und das ist ein großes Qualitätsmerkmal des Tassilo-Gymnasiums Simbach! Leider wurde im Jahresbericht des Schuljahres 2015/16 keine soziale Erhebung mehr veröffentlicht, vielleicht auch gar nicht mehr durchgeführt. Wäre dies geschehen, könnte man sagen, wo das Tassilo-Gymnasium heute steht. So ist dies leider nicht möglich!

Warum auch immer, ich hatte einen großen „Bammel“ vor dem Abfragen des Berufs des Vaters, denn ich war meist der einzige“ Arbeiter-Sohn“, in meiner Klasse. Bei meinem „Bammel“ spielten natürlich auch eine ganze Menge Minderwertigkeitsgefühle mit, die von meinen und damals auch von so manchen anderen, schichtspezifisch ähnlichen Eltern aufgebaut und genährt wurden.

Wenn ich sah, wie meine Eltern vor Pfarrern, Ärzten und Lehrern fast schon „untertänigen" Respekt und Verehrung zeigten, war für mich von früher Kindheit an klar, dass das ungemein wichtige und hochstehende Persönlichkeiten sein müssten. Ich bemerkte auch, wie sich mein Vater etwas unbehaglich, immer mit schwarzem Anzug, Schlips und weißem Hemd ausgestattet, auf den Weg zu den „Herrn Professoren" machte, wenn wieder einmal Elternsprechtag war. Meine Lehrer wussten aber offensichtlich meinen Vater richtig zu nehmen und erzählten ihm in erster Linie von meinen Vorzügen als Schüler.

Dass Mathelehrer Traup meine „mathematischen Schwächen" nicht zu sehr gegenüber meinem Vater thematisierte, war ein Segen, da ich meine „Schulaufgaben-Fünfer" in Mathe, die schon manchmal vorkamen, meinen Eltern immer verschwieg und selbst damit klar zu kommen versuchte. Denn meine Eltern hatten ja keine Ahnung von einer höheren Schule und wären ganz außer sich gewesen vor Sorge um meine Zukunft, wenn ich sie informiert hätte. Davor wollte ich sie und mich schützen, zumal mein Vater immer wieder betonte: „Wenn du durchfällst, musst du runter vom Gymnasium!" Dass so manche Eltern, die selbst ein Gymnasium besucht oder vielleicht sogar studiert hatten, in so einem Fall gesagt hätten: "Na und, dann wiederholst du eben eine Jahrgangsstufe! Einstein hat das auch gemacht!", wäre meinen Eltern nie in den Sinn gekommen.

Mit diesem Verschweigen begann für mich auch schon sehr früh ein Prozess, den man heute auch bei „Gastarbeiter-" und „Flüchtlingsfamilien" feststellen kann. Die Kinder bekommen mehr Verantwortung, aber auch Einfluss innerhalb der Familie, weil sie oft die deutsche Sprache besser beherrschen als ihre Eltern, vor allem dann, wenn diese die deutsche Sprache kaum oder gar nicht sprechen können.

Bei mir war es nicht in erster Linie die Sprache, obwohl meine Eltern aufgrund ihres Dialekts aber auch ihres in rumänischer Sprache erteilten, nur sechs Jahre umfassenden Volksschulunterrichts in Rumänien auch etwas Schwierigkeiten mit dem Hochdeutschen, insbesondere der Rechtschreibung, hatten.

Klar war ich nach einigen Jahren Gymnasium meinen Eltern in manchen Dingen überlegen, was sie wohl auch irgendwie spürten und entsprechend reagierten. Meine dreizehn Jahre ältere Schwester behauptet bis heute, ich sei von meinen Eltern nicht erzogen worden, was irgendwie auch stimmt. Denn sie brachten mir schon bald eine ähnliche Haltung entgegen, wie ich sie vorher gegenüber „Studierten“ allgemein geschildert habe.

Das hatte zur Folge, dass sie mich an einer sehr ‚langen Leine‘ laufen ließen, weil sie zu meinen glaubten, dass ich als ‚Studierter‘ gescheiter als sie selbst sein müsste und sich von mir manchmal sogar Rat holten mit dem Hinweis: „Du bist ja ein Studierter!“.

Dies war für mich manchmal auch etwas bedrückend, da ich damit eine Rolle mit mehr Verantwortung bekam, als es in einer Eltern-Kind-Beziehung in diesem Alter üblich und angemessen ist. Dies förderte jedoch andererseits ungemein meine Selbstständigkeit und mein Verantwortungsgefühl.

Blicken wir jedoch nochmal zurück zu der eingangs erwähnten Erfassung der sozialen Zugehörigkeit der Schülereltern.

Vergleicht man den damaligen Anteil der Arbeiterkinder am Gymnasium mit dem heutigen, durchschnittlichen Schüleranteil dieser Schichtzugehörigkeit, fällt leider auf, dass Kinder von Arbeitern, und dies besonders in ländlichen Gebieten Bayerns, auch heute noch mit nur ca. 10% bis höchstens 15% in der Schülerschaft des Gymnasiums sehr **unterrepräsentiert** sind, im Vergleich zu ihrem Anteil an der Gesamtbevölkerung. Das Tassilo-Gymnasium war oder ist vielleicht auch noch heute diesbezüglich eine wunderbare Ausnahme!

Warum hat sich hier innerhalb der letzten 50 Jahre bundesweit diesbezüglich nichts Wesentliches geändert?

Eine Erklärung für dieses, eine ganze Bevölkerungsgruppe diskriminierende Phänomen ist wohl teilweise im finanziellen Bereich angesiedelt. Heute wie auch zu meiner Studienzeit 1968 bis 1973 reicht das BAFÖG, also die staatliche Zuwendung an Studenten aus Elternhäusern mit geringem Einkommen, nicht aus, um das Studium ohne Zusatzjob oder ohne elterliche Zuwendung zu bestreiten. Es stellt(e) aber noch immer eine praktikable Möglichkeit dar, als Arbeiterkind erfolgreich ein Studium absolvieren zu können, wenn man bereit ist, etwas nebenbei dazu zu verdienen.

Der wesentliche Unterschied zu meiner Zeit ist jedoch, dass dieses „staatliche Stipendium“ den heutigen Studenten größtenteils nur als **Darlehen** gewährt wird, das sie nach Abschluss ihrer Ausbildung vollständig zurückzahlen müssen.

In den Sechzigerjahren mussten erfolgreiche BAFÖG-Stipendiaten nur ca. 1.500 DM für das ganze Studium zurückzahlen, und das erst drei Jahre nach Studienabschluss in moderaten Raten. Während der sozial-liberalen Koalition war das ganze Stipendium ein Geschenk. Eltern mit geringerem Einkommen, also meist Hilfsarbeiter oder Arbeiter aus dem Bereich des Billiglohnsektors von heute, die nicht selten nur mit staatlicher Aufstockung so recht und schlecht über die Runden kommen, die sehen natürlich voller Sorgen, dass ihr Kind mit diesem „Darlehens-Stipendium“ nach dem Studium mit 40.000 bis 60.000 Euro Schulden dasteht und sie ihrem Sohn oder ihrer Tochter nicht helfen können, diese Hypothek abzutragen.

Es kommt noch hinzu, dass diese heutigen Eltern, weil es ihnen an Einblick und Überblick in den Akademikerarbeitsmarkt mangelt, in erster Linie auf die Arbeitslosigkeit so mancher Studienabsolventen starren und deshalb den Akademikerberufsweg für ihr Kind als nicht gangbar ansehen. Zu meiner Zeit war ein Uni-Abschluss eine sichere

Eintrittskarte in die akademische Berufswelt, heute ist das bei weitem nicht der Fall.

Andererseits muss man aber auch heute zugestehen, betrachtet man unsere gegenwärtige Berufswelt, dass das „Abitur“ nicht immer der „Königsweg“ sein muss, zumindest dann nicht, wenn in erster Linie das Finanzielle gesehen und nicht auch der persönliche Zugewinn durch Bildung und persönlicher Entwicklung eingerechnet wird.

Ich meine, hier eine Tendenz zu erkennen, dass junge Frauen und Männer mit qualifizierendem Hauptschulabschluss oder mit der Mittleren Reife und einer gediegenen Handwerkerlehre mit Meisterabschluss als selbstständige Unternehmer sehr wohl eine beachtliche „Karriere“ machen können, mit der sie so manchen Akademiker, zumindest finanziell, und manchmal auch an Ansehen und Einfluss weit überholen.

Erlebte soziale Unterschiede

Als Fahrschüler hatte ich zu Stadtschulkameraden kaum Kontakt, weswegen ich über deren Wohnungen, Häuser sowie deren Einrichtung wenig sagen kann. Nur ein oder zweimal war ich bei einer Mitschülerin, deren Vater praktischer Arzt war, zu einer Party eingeladen.

Obwohl kein überaus großer Luxus zu sehen war, musste ich feststellen, dass alles, das Haus in seiner Größe und Ausstattung sich schon um Welten von meinem Elternhaus unterschied. Alles war weitläufiger, gediegener, solider und bequemer bezüglich Einrichtung und Ausstattung. Auf dem Boden lagen schöne Teppiche und an den Wänden hingen kostbare Bilder im Original, vor allem die des damals sehr bekannten Simbacher Künstlers Nerud.

Ich versuchte damals wie auch im späteren Leben, mir keinen Neid anmerken zu lassen, aber auch keine überaus große Bewunderung zu zeigen, damit man nicht meinen sollte, ich sei so etwas nicht gewöhnt.

Mein Vater war natürlich sehr stolz auf mich, vor allem bei der Übergabe des Abiturzeugnisses im Rathaussaal, als sein Sohn die Abiturrede hielt und er mit den anderen Eltern im Publikum saß. Er ließ hierbei, aber auch später zu Hause keine Gefühle erkennen. Auch entkam ihm keinerlei Lob bezüglich meiner Leistungen, weil er wohl wie manch andere in Bayern der Meinung war: „Es is gnua globt, wenn ma nix sagt!“

Das war die eine Seite von ihm. Ich wusste aber, wie stolz er auf mich war, wenn er über mich redete. Und ich war völlig überzeugt, dass meine Eltern alles für mich tun würden, auch wenn ich absoluten Mist gebaut hätte. Deshalb hatte ich immer das Geborgenheit schaffende Gefühl zu meinen Eltern, in jeder Situation zu ihnen kommen zu können. Sie würden mich immer aufnehmen. Davon war ich absolut überzeugt. Und ich weiß auch bis heute ihre Anstrengungen zu schätzen, die es mir ermöglichten, meinen Weg zu gehen.

13. Schulische Highlights am Tassilo-Gymnasium in den Sechzigerjahren

Wenn ich in meinem heutigen Wohnort Erding an dem vor einigen Jahren neu gegründeten „Korbinian-Aigner-Gymnasium" vorbeifahre, steht fast immer ein Planwagen-Anhänger eines Getränkelieferanten vor dem Eingangsportal der Schule. Und es vergeht kaum ein Tag, an dem nicht die Regionalpresse über die vielfältigen Unternehmungen der Schulen, wie z. B. über Theater- oder Musikaufführungen, Auslandsreisen, Schüleraustauschprogramme, Wettbewerbspreise und eine Reihe sonstiger Events berichtet.
Das ist natürlich grundsätzlich eine gute Entwicklung, dass die Schulen der Öffentlichkeit zeigen, was sie alles noch zusätzlich zum regulären Unterricht leisten. Denn allzu viele Leute haben sich in Vergangenheit und Gegenwart darüber „Sorgen" gemacht, dass die Lehrer ohnehin nichts anderes tun würden, als auf die nächsten Ferien zu warten.

In einer von mir an der Ludwig-Maximilians-Universität in den Jahren 1998-1999 durchgeführten wissenschaftlichen Untersuchung mit repräsentativer Bevölkerungsbefragung in Bayern[6] kam heraus, dass insbesondere diese „Lehrer-Kritiker", aber auch die Befragten insgesamt zu ca. 80 Prozent den Lehrberuf selbst nicht ergreifen wollten, weil ihnen der Umgang mit den Schülern viel zu anstrengend und stressig wäre.

Schulische Veranstaltungen bzw. Events, wie man heute gerne sagt, kosten natürlich oft viel Unterrichtszeit, sind jedoch auch geeignet, dass Schüler zu ihrer Schule eine Identifikation aufbauen und diese mit etwas Positivem assoziieren. Natürlich geht es wie immer um das rechte Maß und Verhältnis von Lehren und Event. Wenn Events einen geregelten Unterrichtsbetrieb in Frage stellen und das Lehren und Lernen im Unterricht zu kurz kommen, dann stimmt etwas nicht

[6] Vgl. Reitmajer, Valentin: Berufsbild und -prestige der Lehrer und Lehrerinnen in Bayern, München 2000

und das Verhältnis muss neu justiert werden.

Am Tassilo-Gymnasium gab es zu meiner Zeit auch verschiedene Veranstaltungen, also sog. Highlights, aber in nicht übermäßiger Zahl, so dass diese nie zur Routine, sondern mit sehr großer Erwartung und Freude herbeigesehnt wurden.
Da waren zum einen die jährlich für das gesamte Gymnasium stattfindenden Feiern, wie z.B. das „Faschingsdienstag-Maskenfest" im Kolpingssaal, später auch der „Faschingsball für die Oberstufe" auf der Heinzelspitze sowie die **„Bundesjugendspiele."**

Faschingsdienstag-Maskenfest für alle Schüler und Lehrer im Kolpingsheim

Im Gegensatz zum heutigen schulfreien Faschingsdienstag veranstaltete das Tassilo-Gymnasium an diesem Höhepunkt des Faschings eine Faschingsgaudi mit allen Schülern und Lehrern im Kolpingssaal der Kath. Pfarrei Simbach, weil die Schule über keine so großen Räumlichkeiten verfügte.

Johannes Brucker, unser Klassleiter in der 11. Jahrgangsstufe, als „Graf Bobbi"

Oberstudiendirekter Hans Haberl als Gärtner

Natürlich erschienen alle, Schüler wie Lehrer, maskiert und vor allem die jüngeren Schüler brachten durch ihr übermütiges Geschrei Stimmung in den Saal, angeheizt durch eine fetzige Schülerband, die ihr Bestes gab. Vor allem die „Kleinen“ schrien fröhlich durcheinander und ließen als Indianer oder Cowboys verkleidet, Kampfgeschrei erschallen und schossen mit ihren „Kapselpatronen-Revolvern“ wild durch die Gegend. Man konnte schon meinen, in einem Faschings-Tollhaus zu sein.

Bunte Schülermasken

Maskierte Lehrer

Es war Tradition, dass jedes Jahr die jeweilige 11. Jahrgangsstufe diese Faschingsfeier ausrichten, also das „Faschingsdienstag-Maskenfest“ der Schule mit einem möglichst kreativen Programm zum Highlight machen musste.

Ich erinnere mich noch mit großer Freude daran, als wir als Elftklassler dran waren. Mit unserem neuen Klassleiter, dem jungen und musikalischen Herrn Johannes Brucker am Klavier, versuchten wir im Musiksaal fetzige Lieder zu komponieren und zu texten. Als Vorbilder fungierten Schlagerhits, die damals überall präsent waren. Ich habe es noch heute im Ohr, wie wir aus vollem Hals diese damaligen Super-Hits „Mit siebzehn hat man noch Träume...“ oder „Siebzehn Jahr, blondes Haar ...“im Musiksaal sangen und dann für den Faschingsdienstag umschrieben. So etwas mit einem Lehrer vorzubereiten, war für uns absolut neu, aber sehr anmachend.

Faschingsball für die Oberstufe im Tanzcafé „Heinzelspitze“

Die Faschingsgaudi am Faschingsdienstag war vor allem für die jüngeren Schüler ein Riesenspaß! Leider konnte man aber vor Geschrei und Gekreische sowie unaufhörlicher Knallerei mit Knallfröschen und „Kapselpistolen“ kein Wort mehr verstehen und die Rauchschwaden der Pistolen nahmen einem fast den Atem. Deshalb hatten die Oberstufenschüler immer weniger Gefallen daran und blieben nur kurz oder erschienen gar nicht mehr am Faschingsdienstag.

Aus diesem Grunde kam ich als Schulsprecher auf die Idee, für die Oberstufe und die Lehrer eine eigene Faschingsveranstaltung zu kreieren, den sog. „Oberstufen-Faschingsball“ im Café Heinzelspitze. Dieser Ball wurde von Schülern und Lehrern sehr gut angenommen und zog sogar Besucher an, wie z. B. Johannes Brucker, die nicht mehr zum Tassilo-Gymnasium gehörten. Die Masken der Besucher waren äußerst kreativ. Vor allem die Lehrerinnen und Lehrer übertrafen sich hierbei an Einfallsreichtum.

Riesige Gaudi vor allem bei der Maskenprämierung der Lehrer auf den Faschingsbällen der Oberstufen 1967 und 1968

Eine fetzige Tanzkapelle heizte die Stimmung, damals natürlich mit heißen Twist-Rhythmen, kräftig an und ließ die Zeit wie im Flug vergehen. „Schee war`s!“, waren sich am Schluss alle einig. „Des machma next´s Jahr wieda!“.

Bundesjugendspiele

Dieses „Highlight", vom Kultusministerium vorgeschrieben, war nicht für alle ein Riesenspaß, für mich aber schon gar nicht. Denn als absolut sportliche „Flasche", die nie eine Siegerurkunde während der gesamten Schulzeit erhalten hatte, die beim „100-Meter-Lauf" meist die schlechteste Zeit lief, beim „Weitsprung" die wenigsten Meter schaffte und auch bei den sonstigen Disziplinen meist der Letzte oder bestenfalls der Vorletzte war, wenn es das Schicksal gnädig mit mir meinte, hasste ich die Bundesjugendspiele richtiggehend.

Aber, ich musste hin!

Deshalb war ich froh, wenn dieses von mir ungeliebte „Event" wieder einmal abgehakt war. Für die ehrgeizigen und tollen Sportler war dieser Tag jedoch ein Freudentag. Denn sie konnten sich in ihren sehr guten Leistungen sonnen und bekamen vom „Chef" der Bundesjugendspiele, Herrn Fickert, eine schön gestaltete Sieger- oder Ehrenurkunde bei der allgemeinen „Siegerehrung" feierlich überreicht. Diese „Geehrten" waren jedoch die „Mäahran", wie man in Bayern sagt, und für sie waren diese Spiele ja gedacht.
Sie brachten ja auch manchem Schüler, der vielleicht im theoretischen Fächerunterricht nicht so gute Noten hatte, ein ermutigendes Erfolgserlebnis ein, das ihm womöglich im schulischen Lernprozess weiterhalf.

Meins waren diese Spiele nicht und ich brauchte dieses „Erfolgserlebnis" für mein schulisches Fortkommen, von Mathe einmal abgesehen, Gott sei Dank nicht so dringend.

Die Herren „Professoren" bedienten die Stoppuhren

Sportfest 1963 mit meinem Banknachbarn „Karli" aus Braunau beim 1000-m-Lauf - ganz rechts: Herr Fickert im Sportdress

Wandertage

Ebenfalls „vorgeschrieben" waren die Wandertage, die ein- oder zweimal im Jahr stattfanden. Im Gegensatz zu heute, wo „Wandertage" manchmal schon zu „touristischen" Unternehmungen werden, war bei uns der Name der Veranstaltung auch Programm. Natürlich gab es innerhalb der neun Gymnasialjahre jedes Schuljahr Wandertage. Ich habe jedoch nur noch an drei eine Erinnerung.

Radausflug mit Herrn Professor Hering

In der 11. Jahrgangsstufe, als Johannes Brucker unser Klassleiter war, machten wir mit ihm und einem Referendar, der noch größer war als unser fast 2 m großer Lateinlehrer „Zeus“, eine Radltour nach Burghausen. Wir picknickten auf der Fahrt irgendwo im Freien, sahen uns einige der sehr zahlreichen Sehenswürdigkeiten in Burghausen an und kehrten etwas aus der Puste, aber glücklich, wieder nach Simbach zurück. Auf nachfolgendem Bild ist interessanter- und lustigerweise zu sehen, dass damals Lehrer noch mit Anzug und Krawatte bei der Radltour mitfuhren. Da wusste man wenigstens noch, wer der Lehrer ist.

Radltour nach Burghausen mit Johannes Brucker und einem begleitenden Studienreferendar mit Krawatte

Beim dritten Wandertag, an den ich mich noch erinnere, und dies ebenso gerne wie an den eben beschriebenen, wanderten wir über Berg und Tal von Simbach nach „Irgendwo“.

Es war in der 12. oder 13. Jahrgangsstufe, genau weiß ich es nicht mehr. Diesmal war Herr Rainer Krieger als unser Klassleiter dabei, aber ohne Krawatte, und prompt hatten die Wirtsleute, wo wir eingekehrt waren, Schwierigkeiten auszumachen, wer der Lehrer sei.

Mit Herrn Rainer Krieger auf Wanderschaft.
Man gibt sich sehr „zuvorkommend“.

In der Oberstufe ist eben manchmal das Tragen einer Krawatte „Kennzeichen“, wer der Lehrer ist, vor allem dann, wenn der älteste Schüler nur drei Jahre jünger ist als der Klassleiter, wie es bei uns der Fall war.

Wir wanderten ohne Ziel, immer der Nase nach, wie man so schön sagt, und hatten mit unserem Deutschlehrer eine Riesengaudi. Herr Krieger glänzte wie immer mit witzig-schrägen Sprüchen, die wir zu parieren versuchten, was uns aber nicht immer gelang. Herr Krieger war eben doch der „Meister“, auch wenn er uns an Alter nur wenig voraus war.

Neben den jedes Schuljahr stattfindenden Wandertagen, gab es damals im Wesentlichen noch drei Highlights, die für jeden Schüler nur einmal während seiner Zeit am Tassilo-Gymnasium stattfanden: Den „*Schikurs*“ in der 10., den *„Tanzkurs“* in der 11. sowie die *„Berlinfahrt“* in der 12. Jahrgangsstufe. Auf diese *„einmaligen“ Highlights* freute sich jeder Schüler schon lange vorher.

Schikurs

Heutige Schüler können unsere damalige Freude wahrscheinlich nicht mehr so ganz verstehen, weil Schiurlaub und weite Reisen bei den meisten schon im jugendlichen Alter nichts Seltsames oder Besonderes mehr darstellen, von wenigen Ausnahmen natürlich abgesehen. Die meisten von uns, wie auch ich, hatten damals bis zur 10. Jahrgangsstufe, also mit 16/17 Jahren, noch kein Gebirge oder Meer gesehen, hatten keine Reisen ins Ausland unternommen und waren innerhalb Deutschlands auch nicht so weit herumgekommen.

Deshalb war die Aussicht, in das verschneite *„Maria Alm“* im österreichischen Dachsteingebirge zu kommen, wo jedes Jahr der Schikurs stattfand, sehr verlockend und wurde deshalb von uns auch sehnsüchtig erwartet.

Unser „Gebirgsparadies Maria Alm"

Das Dorf Maria Alm

„Hansi“ Fickert, unser „Schimeister“

Denn zumindest ich hatte bis dahin noch kein Hochgebirge gesehen und erlebt und ich erinnere mich noch gut über mein Staunen, als wir mit dem Bus auf Serpentinen und in einem Auf und Ab nach Maria Alm „schaukelten“.

Wie jedes Jahr hatten Herr Fickert und die für Mädchen zuständige Sportlehrerin Frau Freund dort ein als Jugendherberge hergerichtetes Bauernhaus angemietet. Wir bezogen unsere „Buden“, natürlich streng nach Geschlechtern getrennt, worauf Herr Fickert und Frau Freund ein strenges Auge hatten, dass dies auch so blieb.

Beide Lehrkräfte waren zu uns Schülern sehr nett und drückten auch manchmal ein Auge zu. Zu toll durften wir es aber nicht treiben, denn um 8.00 Uhr mussten wir auf der Piste stehen. Die beiden Sportlehrer teilten uns, je nach Können, in einen „Anfänger-“ und einen „Fortgeschrittenenkurs“ ein. Ersteren leitete Herr Fickert, den anderen Frau Freund.

Rast auf der Hütte

Herr Fickert plant wohl den nächsten Tag auf der Piste

Im Gegensatz zum normalen Sportunterricht, in dem er schon mal einen Joke losließ und nicht gerade zimperlich auftrat, war Herr Fickert mit seinem „Anfängerkurs“ für seine Verhältnisse recht milde und moderat. Man merkte, dass er auf jeden Fall vermeiden wollte, dass seinen Schülern etwas passiert, was ja beim Schifahren schneller als gedacht der Fall sein kann.

Er machte uns „Anfängern“ jeweils die Übung vor, wir machten sie ihm nach, bis sie jeder von uns einigermaßen beherrschte. Da wir fünf Tage jeweils von ca. 8.00 Uhr bis ca. 16.00 Uhr auf der Piste waren, lernten wir auf jeden Fall so viel, dass jeder künftig auf diesem Grundstock aufbauen konnte.

Natürlich war der Besuch der „Milch-Bar“ am Rand der Piste in Maria Alm nach „vollbrachter Tat“ abends das Schönste, obwohl das

Schifahren, trotz „Übungsschweiß", tagsüber auch eine schöne und erhebende Erfahrung war.

Sonnenbaden auf dem Balkon unserer Unterkunft

„Erotischer" Hüttenabend mit Orange

Sehr unterhaltsam und bei uns beliebt waren aber auch die „Hüttenabende" in unserem Quartier. Es gab da sehr beliebte Gruppenspiele, wie z. B. eine Orange, die man unter das Kinn geklemmt hatte, im Kreis auf dem Boden sitzend, ohne Einsatz der Hände, an den Nachbarn weiterzugeben. Natürlich musste dies ein Mädchen sein, das war der Clou! Das Mädchen musste, die übernommene Orange wieder unter ihr Kinn geklemmt, weitergeben, natürlich an einen Jungen! Das waren schon "erhebende" und „prickelnde Momente", dem Gesicht eines Mädchens, noch dazu, wenn man es heimlich verehrte, so nahe zu kommen!!

Nahe kam man sich aber auch beim Tanz, wenn man einmal statt der

wilden „Twist-Fetzen“ etwas Langsames, einen “Schmusesong“ oder auch einen sog. „Steher“, wo man sich mehr drückte als bewegte, auflegte.
Aber, das erlebte ich zunächst nicht, weil mein Freund und ich beschlossen hatten, diesem „Treiben“ fern zu bleiben und uns lieber mit zwei Flaschen Bier auf unsere „Bude“ zurückzogen, um dort unsere „Privat-Männer-Gaudi“ zu machen. Nachdem jedoch unser Biervorrat zu Ende gegangen war, wurde ich per Los bestimmt, von unten Nachschub zu holen. Als ich die Türe zur Tanzfläche, wo sich das Bierdepot befand, öffnete, nahm mich sofort ein Mädchen an der Hand und bat mich um diesen Tanz, denn es war gerade Damenwahl, was ich erst zu spät realisiert hatte. Die nun folgende „Tanzerei“ gefiel mir aber so sehr, dass ich meinen Freund völlig vergaß und beim Tanzen blieb. Das war für mich eine Art Schlüsselerlebnis, denn von da an war Tanzen meine neue Leidenschaft.

Leider hatte ich mir im Schikurs noch eine andere „Leidenschaft“ zugelegt, der ich ca. 35 Jahren lang begeistert und sehr ausgiebig frönte, das Rauchen! Mit geschenkten oder geschnorrten „Milde-Sorte-Zigaretten“ fing es in Maria Alm an. „Gib mir mal ′ne ′Lulle′“, lautete in unserem „coolen Slang“ die Bitte um eine Zigarette.

Die „Lulle“ schmeckt hervorragend!

Rauchen war cool, fast alle Buben, aber auch einige Mädchen rauchten. Und wenn uns der „Jogi-Bär“ im Biologieunterricht schreckliche Bilder von Pfeifenrauchern mit Zungenkrebs zeigte, berührte uns das kaum, denn wir rauchten ja keine Pfeife, sagten wir uns, sondern „nur“ Zigaretten.

Das war eben unsere „Logik“! Und da war auch „Jogi-Bär“ machtlos, zumal er selbst rauchte.

Tanzkurs in der 11. Jahrgangsstufe

Das eben geschilderte „Schlüsselerlebnis Tanzen“ war natürlich die beste Voraussetzung für das in der 11. Jahrgangsstufe folgende Highlight, den „Tanzkurs“. Denn der lag mir schon etwas im Magen! Aber nicht nur mir, sondern den meisten meiner Geschlechtsgenossen in der Klasse. Denn trotz des „Orangen-Spiels“ im Schikurs war es für uns pubertäre Burschen so ungewohnt, dass es einem manchmal schon etwas flau im Magen wurde, einen für uns „sphärenhaften Mädchenkörper“ zu berühren und an sich zu drücken. Da kamen uns die „Walzer-Übungen“ gerade recht, bei denen sich die beiden Tanzpartner lt. Anweisung der Tanzlehrerin sehr fest umfassen mussten, um die „Walzer-Dreher“ gut hinzukriegen.

Natürlich stellten wir Burschen uns viel tolpatschiger an als unsere Mädchen, die ja in diesem Alter in ihrer Entwicklung uns Jungs schon weit voraus waren. Deshalb hätte sich keines unserer Mädchen im „normalen“ Leben mit uns abgegeben, da sie sich ihre Freunde immer mindestens aus der nächst oder übernächst höheren Jahrgangsstufe holten, was uns natürlich sehr verdross, zumal die Mädchen ein oder zwei Klassen unter uns, noch zu jung und zu kindisch für unsere „Vorhabungen“ waren.
Es gab hier aber auch Ausnahmen. Wenn sich in der Klasse des Mädchens ein mehrfacher „Repitent“ befand, der auch noch ein „Womanizer-Typ“ war, dann machte natürlich der das Rennen. Aber deshalb mehrfach durchfallen? So groß war die Liebe auch wieder nicht!! Da

musste man eben woanders auf die „Jagd“ gehen.

Aber zunächst galt es, die schönste und begehrenswerteste Tanzpartnerin zu erhaschen. Dazu muss man wissen, dass im Tanzsaal auf der einen Seite die Buben aufgereiht an der Wand saßen, auf der anderen Seite die Mädchen ebenso. Wenn nicht gerade die höchst selten ausgerufene „Damenwahl“ anstand, was auch nicht gerade unproblematisch war, denn als Letzter von einem Mädchen und dann noch meist von dem „verkehrten“ zum Tanz aufgefordert zu werden, war kein schönes Gefühl. Dass es den Mädchen bei der fast immer praktizierten „Herrenwahl“ ebenso erging, war in diesem Augenblick nicht unser Thema. Vielmehr galt es jetzt, rasch eine „geeignete“ Partnerin auf der gegenüberliegenden Seite des Tanzsaales ausfindig zu machen, wo die Mädchen in ca. 10 bis 15 Metern Entfernung aufgereiht saßen.
Hatte man sein „Ziel“ ausgesucht und fixiert, musste man einen „Schlachtplan“ erstellen, wie man als erster bei „seinem“ Mädchen wäre, denn auch andere hatten es womöglich auf dieselbe „Dame“ abgesehen.

Und noch etwas war zu überlegen, nämlich der Weg, der vom eigenen Sitzplatz zum erwählten Mädchen auf der anderen Seite des Saales führte. Denn das „auserkorene“ Mädchen saß fast nie einem direkt gegenüber, sondern einige Plätze weiter rechts oder links. Da half nur Schnelligkeit, sowie rigoroses Wegstoßen des Kontrahenten, der auf dasselbe Mädchen mit Macht zusteuerte. Das war manchmal schon ein nicht gerade zimperliches „Hauen und Stechen“, wenn die Tanzlehrerin zur nächsten Tanzübung aufrief. Ein blauer Fleck am Arm vom „Kampf“ um die Tanzpartnerin, war eine Art von „Ehrenzeichen“, selbst dann, wenn man das „auserkorene“ Mädchen nicht erhascht hatte.

Das nächste Mal würde es vielleicht besser klappen! Ein neues Spiel und eine neue Chance gab es ja bei der nächsten Tanzschritt-Übung: Eins, Zwei, Drei; Eins, Zwei, Drei; Schwung nach links, Schwung nach rechts; Autsch!!! Das waren die Zehen der Tanzpartnerin!! Entschuldigung!!! Macht doch nichts! Ob da wohl was geht!??

Die Abschlusspolonaise war die Krönung des Tanzkurses.

Auch der Direktor wagt ein Tänzchen

Die „Fiffi" hat sich einen tollen „Hecht" geangelt!

Berlinfahrt in der 12. Klasse

In den Sechzigerjahren befand sich die Welt im „sog. Kalten Krieg“ zwischen West und Ost. Deutschland und Berlin waren immer noch geteilt und durch eine Mauer mit Stacheldraht getrennt. Um diesen „Stachel im Fleisch“ des Vaterlandes auch der kommenden Generation nahe zu bringen, wurden zu dieser Zeit Schülerreisen nach Berlin vom Staat finanziell sehr gefördert. Eine Berlinreise gehörte damals aufgrund der Teilung von Volk und Vaterland praktisch zum Pflichtprogramm jedes Gymnasiums. Natürlich waren diese staatlichen Zuschüsse auch ein nicht zu verachtender Anreiz, nach Berlin und nicht in eine andere Großstadt zu fahren.

Herr Traup war unsere Begleitlehrkraft. An die zweite Lehrkraft erinnere ich mich nicht mehr. Unsere Anreise mit einem Bus wurde natürlich an der „0st-West-Deutschen Grenze“ gestoppt und einige Volkspolizisten, die hier als Grenzer fungierten, stiegen in den Bus und kontrollierten mit großer Aufmerksamkeit und finsteren Gesichtern unsere Pässe.

Kontrolle an der Grenze zur DDR

Vielleicht war es das Ergebnis unserer westdeutschen Indoktrination, die es natürlich auch in der damaligen BRD gab, ohne dass wir es so richtig bemerkten, oder das Gebaren der Volkspolizisten, dass in mir ein wenig Angst hoch kroch.
Bestätigt wurden meine Ängste, als die Vopos mich und drei meiner Mitschüler aufforderten, mit unserem Gepäck in das Zollgebäude mitzukommen. Da wurde mir schon ganz schön flau im Magen. Wir mussten unsere Koffer vollständig auspacken und durchsuchen lassen. Danach wurden unsere Ausweise noch einmal genau gecheckt. Gott sei Dank fanden sie nichts Verbotenes. Deshalb durften wir dann nach ca. zwei Stunden wieder weiterfahren.

In Berlin waren wir in einer neu errichteten, recht komfortablen Jugendherberge untergebracht. Natürlich besichtigten wir in den nächsten Tagen die „Berliner Gedächtniskirche“, flanierten auf dem „Kuhdamm“ und erstiegen eine der errichteten Aussichtsplattformen, um nach Ost-Berlin blicken zu können. Zugemauerte Fenster, menschenleere Straßen und viele Ruinen oder abgewrackte Gebäude waren auf der Ostseite der Mauer zu sehen.

Berliner Gedächtniskirche

Das und natürlich die schreckliche Mauer direkt durch die Stadt Berlin waren für uns sehr „beeindruckend“ und nur schwer zu vergessen.

Die Berliner Mauer 1965

Natürlich konnte diese Tristesse unsere jugendliche Lust am Erleben einer Großstadt, die für uns „niederbayerische Landdoderl“ natürlich absolut fremd und neu, aber auch faszinierend war, nicht lange aufhalten.

Für die Großstadt machten wir uns „fein“.

Eine Großstadt wie Berlin macht ganz schön müde!!

Herr Traup gab uns viel Freiheit zum eigenen Entdecken dieser Großstadt, was wir weidlich nutzten, aber in keinster Weise ausnutzten, weshalb mir diese Berlinreise in sehr angenehmer Erinnerung ist, nicht zuletzt wegen Herrn Traup, der schon mal ein Auge zudrückte, wenn wir aufgrund unserer nächtlichen „Umtriebigkeit" manchem politischen Vortrag der staatlichen Reisebegleiter nur mühsam mit offenen Augen folgen konnten.

„Schee war´s!", war unsere einhellige Meinung, als wir wieder sicheren „Simbacher Boden" betraten.

Mit Herrn Hubertus Traup auf Klassenfahrt in Berlin

Musik, Gesang und Singspiele

Ich glaube schon, dass es Oberstudiendirektor Haberl bewusst war, wie wichtig Musik und deren Förderung für eine Schule ist, in der nicht nur stupide gelernt wird, sondern auch Kreativität und Kunst eine wichtige Rolle spielen. Deshalb gab er auf vielfältige Weise seiner Musiklehrerin freie Hand, wenn „Fiffi", wie wir sie im Grunde liebevoll hinter ihrem Rücken nannten, wieder einmal ein Konzert, eine Choraufführung oder sogar eine kleine Oper im Kopf hatte. Und das hatte sie eigentlich jedes Schuljahr, manchmal sogar mehrfach.

Dann strahlte sie vor Begeisterung und war voller Tatendrang, wenn es darum ging, für eine von ihr ins Auge gefasste Aufführung zu proben. Großzügig bekam sie von Herrn Haberl Stunden anderer Fächer für Proben zur Verfügung gestellt und er ließ sich auch nicht beirren, wenn so mancher Kollege zunächst darüber etwas murrte. Denn am Ende, wenn der Applaus der Zuhörer und Zuschauer aufbrauste, waren sicher auch diese über den „Verlust" ihrer Stunde hinweggekommen.

Das „Proben-Chaos" begann im großen Musiksaal, wo oftmals 60 bis 80 Schüler von "Fiffi" zur Gesangsprobe versammelt wurden. Natürlich ging es hier laut und oft auch wenig diszipliniert zu und Frau Zeschner, wie sie eigentlich hieß, hatte größte Mühe, Ruhe, Aufmerksamkeit und Konzentration herzustellen. Übte sie einzelne Passagen, zum Beispiel nur mit den Sopranstimmen, brabbelten und ratschten die restlichen Sänger, weil ihnen langweilig war oder weil sie einfach nur ihrer jugendlichen Ungestümheit freien Lauf ließen. Wurden mit den Bass-Stimmen, den Tenor- oder den Alt-Stimmen einzelne Passagen geübt, ergab sich dasselbe „Hintergrundgeräusch" wie vorher. Wie Frau Zeschner, die ja eigentlich eine zierliche und feine Person war, das durchstand und vor allem durchzog, war im Grunde bewundernswert und unbegreiflich. Während der Zeit des Einübens und manchmal sogar bei der Generalprobe mochte man nicht selten meinen, dass die ganze Aufführung schieflaufen würde. Aber, unsere „Fiffi" schaffte es immer wieder!

Aufführung des „Struwwelpeters" im Kolpingsaal

Höchste Konzentration bei der Aufführung

Waren wir einmal auf der Bühne, alle festlich gekleidet, „gschneitzt" und „grotzd", wie man niederbairisch sagt, aufmerksam und konzentriert unserer Dirigentin folgend, und wenn der tosende Applaus des Publikums aufbrandete, das natürlich zumeist aus „Stolz geblähten" Eltern bestand, konnte man förmlich sehen, wie von unserer

Musiklehrerin eine Last fiel, und ein befreites, unbändig glückliches Lachen ihr Gesicht erstrahlen ließ. Da konnten wir Sänger auch nur „mitstrahlen“ und befreit glücklich aufatmen.

Das „Werk“ ist vollbracht:
Sänger und „Fiffi“ strahlen um die Wette!

All der Stress und das Chaos waren vergessen! Stolz über uns, aber auch über unsere „Fiffi“ ließen uns alle glückselig strahlen.

Frau Zeschner hatte sich nicht selten auch recht ehrgeizige Projekte vorgenommen. Aus der Vielzahl von Aufführungen während meiner Schulzeit kann ich mich eigentlich nur an eine einigermaßen gut erinnern, weil ich dabei die Hauptrolle singen durfte. Es handelte sich hierbei um das Singspiel, *„Die Bremer Stadtmusikanten“* und ich durfte die Hauptrolle singen, die aber leider die des „Esels“ war, was mich natürlich nicht so ganz erfreute, aber Hauptrolle ist Hauptrolle, dachte ich mir. Ich kann mich noch gut erinnern. Meine Mama nähte mir aus Sackrupfen ein „Eselskleid“ mit langen Eselsohren, in dem ich ziemlich „beschissen“ aussah, was mir so manchen Joke einbrachte.

Wenn schon „Esel", dann aber in der Hauptrolle!

Auch der „Hund" (links) hatte eine tragende Rolle!

Der „Wilde Mann" im Singspiel war aber in jeder Hinsicht der „Größte"!

Die Aufführung im Kolpingheim war ein voller Erfolg, für mich aber der Abschied von meiner Sopranstimme, denn unmittelbar danach kam ich in den Stimmbruch.

Aber „Fiffi“ hatte auch später als „Bass“ für mich Verwendung.

Schülerzeitung „Tassilo-Redivivus“

Eine Schülerzeitung herauszubringen, ist an jedem Gymnasium ein schwieriges und oftmals zum Scheitern verurteiltes Unternehmen, da die Arbeit meist nur auf wenigen Schultern ruht. Im Jahresbericht des Schuljahres 1965/66 schrieb Herr OStD Haberl: „Die neu entstandene Schülerzeitung `Der Tassilo` ist schon nach drei Ausgaben hinter unergiebigen Schulmauern eines sanften Todes verblichen. Mögen sich doch im kommenden Schuljahr genügend Abenteurer des Geistes finden, die einen `Tassilo redivivus` herausbrächten.“

In dem neuen Schuljahr 1966/67 war ich zum Schulsprecher des Tassilo-Gymnasiums gewählt worden und ließ mir dies von Herrn Haberl nicht zweimal sagen. Im Jahresbericht schrieb ich:

„Diese Abenteurer des Geistes haben sich gefunden. Ein „workteam“, bestehend aus Schülerinnen und Schülern der 12. und 13. Klassen, stellte sich im Schuljahr 1966/67 die Wiederbelebung des `Tassilo` zur Aufgabe. In Abständen von etwa 3 Monaten wurden drei Zeitungen im Schuljahr 66/67 und zwei Ausgaben im Schuljahr 67/68 mit einer Auflage von jeweils 200 Stück herausgebracht“.

Dic Hauptarbeitslast ruhte natürlich auch auf nur wenigen „Schultern“. Eine davon war die meines Freundes Günter, der sich aufgrund seiner zeichnerischen und gestalterischen Begabung, die ihn später zum Architekturstudium führte, um das Layout und das besondere und interessante Format kümmerte. Der redaktionelle Teil ruhte auf mehreren Schultern, wenngleich mir das Schreiben und Redigieren der meisten Artikel zufiel.

Aber auch „unser Redivivus“ hatte kein langes Leben, da wir ja bereits ein Jahr nach der „Wiederbelebung“ Abitur machten und wir auch noch eine Abiturzeitung herausbringen wollten, um unsere Abifahrt an die dalmatische Küste finanzieren zu können. Ob es nach unserer Zeit weitere „Redivivuse“ gab, weiß ich nicht, hoffe es jedoch sehr!

14. Unterricht und Lehrerkollegium am Tassilo-Gymnasium in den Sechzigerjahren

Wenn ich heute, nach ca. 50 Jahren, einen Blick auf die im Jahresbericht des Schuljahres 1959/60 aufgeführten Lehrer werfe, sehe ich schon an ihren Dienstbezeichnungen, wie z.B. Lehramts- oder Studienassessor, höchstens aber Studienrat, dass es sich um ein sehr junges Kollegium handelte, sieht man von den wenigen Älteren ab, wie z.B. Herrn Hering oder Frau Rathfelder , die schon von Anfang an, noch unter dem Gründungsdirektor Dr. Güldenapfel unterrichtet hatten.

In einem der Jahresberichte dieser Anfangsjahre wird das Durchschnittsalter des *Kollegiums* mit ca. 35 Jahren angegeben, was aus heutiger Sicht fast ein *„Junglehrer-Kollegium"* wäre.

Das Lehrerkollegium 1959

Das Lehrerkollegium 1964/65

„Männertreff" des Lehrerkollegiums mit Herrn Wahrendorf als feschen „Jagdburschen"

Meine damaligen Lehrer, z.B. Herr Rudolf Beer, Herr Hanns Fickert, Herr Tillo Mayer, Herr Hubertus Traup oder Herr Erich Wahrendorf trugen im Schuljahr meines Eintritts alle die Dienstbezeichnungen „Lehramts-“ oder „Studienassessor“, was bedeutet, dass sie gerade die ersten eigenständigen beruflichen Schritte nach dem Referendariat machten. Selbst der spätere Direktor der Schule, Herr Dr. Ferdinand Mallinger, war damals auch erst Studienrat, also eigentlich auch noch fast ein „Junglehrer“.

Als elf- oder zwölfjährigem Knirps erschienen mir jedoch diese mich unterrichtenden Lehrer als gewichtige Respektspersonen im reiferen Alter, keineswegs aber als jung und unerfahren. Diesen Eindruck verstärkte wohl noch, dass wir unsere Lehrer und Lehrerinnen, unabhängig von ihrer eigentlichen Dienstbezeichnung oder ihrem Alter, unisono als Frau oder Herr Professor ansprachen, wie es zu dieser Zeit wohl überall in Bayern, aber auch in anderen Bundesländern an Gymnasien praktiziert wurde. Der Familienname des „Professors“ wurde bei dieser Ansprache nicht ausgesprochen. Vielleicht trug zu dieser Praxis der Umstand bei, dass damals die „Dienstbezeichnung Studienprofessor“ die erste Beförderungsstufe nach dem „Studienrat“ war und somit an einem traditionellen Gymnasium die meisten Gymnasiallehrer diesen Titel führten.

Neben dem Direktor der Schule, Herrn Oberstudiendirektor *Hans Haberl,* gehörten im Schuljahr 1959/60 vierzehn hauptamtliche Lehrkräfte dem Kollegium an. Dazu kamen noch neun nebenamtliche Lehrkräfte, hauptsächlich Geistliche der beiden Simbacher Kirchengemeinden, die den gesamten Religionsunterricht in den ersten drei/vier Jahren meiner Schulzeit bestritten. Mit einem dieser geistlichen Religionslehrer, damals junger Kooperator, heute Geistlicher Rat i.R., *Konrad Schmalhofer,* der mit seiner Schwester seinen Ruhestand in Simbach verbringt, bin ich bis heute befreundet. Er erzählte mir, dass dieses Unterrichten eine enorme Zusatzbelastung für alle beteiligten evangelischen und katholischen Geistlichen war und dies zusätzlich zu ihren seelsorgerischen Aufgaben erledigen mussten. Obwohl sie sich große Mühe gaben, konnten sie sowohl zeitlich als auch fachlich nur mit großer zusätzlicher Anstrengung dieser Aufgabe nachkommen. Und undankbar, wie wir Schüler nun mal waren, freuten wir uns, wenn wir von unserem Beobachtungsposten aus sahen, dass unser Religionslehrer im schwarzen Beerdigungsornat einen Leichenzug zur Beerdigung über den Kirchplatz zum Friedhof begleitete. Denn das hieß für uns „Freistunde". Beerdigungen kann man schließlich nicht ausfallen lassen, Religionsstunden aber schon.

Wenn ich die Lehrer dieses „Lehrkörpers" vor meinem geistigen Auge vorüberziehen lasse, so erinnere ich mich sehr angenehm an Herrn Professor Johann Hering, der in meiner Klasse in den ersten Jahren das Fach Deutsch unterrichtete. *Herr Hering* war in meinen Augen ein schon ziemlich alter Lehrer, den seine Glatze, die nur mehr kümmerlich von einem Haarkranz umfasst war, vielleicht noch etwas älter machte. Er war ein lieber, kleiner Mann, der gerne Mädchen ganz sanft ein wenig an den Zöpfen zupfte und dabei schelmisch „Zöpfilein" sagte. Man merkte, dass er gerne unterrichtete und Kinder sehr mochte. Leider verstarb er sehr früh. Er wurde nur ungefähr 50 Jahre alt. An der Beerdigung im Simbacher städtischen Friedhof nahmen alle Schüler und Lehrer teil. Es war äußerst beeindruckend und erschütternd, selbst für einen Knirps wie mich, der wie seine Mitschüler eigentlich mit Tod und Vergehen noch wenig Erfahrung gemacht hatte.

Radausflug mit Prof. Hering zum Dreisessel

Trauerzug bei Prof. Herings Beerdigung

Auch Tillo Mayer hat sich in meinem Gedächtnis eingegraben. Obwohl er auch zu dieser Zeit erst Studienrat war, machte er aufgrund seiner großen und mächtigen Gestalt und seines schon fortgeschrittenen Haarausfalls keinen jugendlichen, sondern schon eher einen etwas ältlichen Eindruck auf mich. Da er mit geschätzten 40 Jahren noch unverheiratet war, wurde er im Schulfasching manchmal etwas frech aufgezogen, was er sich aber gutmütig gefallen ließ.

Das Auffälligste an ihm war jedoch, dass er mit einem Auge sehr stark schielte, was für ihn wohl nicht immer leicht zu ertragen gewesen sein muss. Für uns Schüler war es jedoch auch ein „Kreuz", weil man bei ihm nicht spicken konnte, denn man wusste nie, wohin er gerade schaute. Diese Fähigkeit, so meinten wir zu bemerken, war ihm sehr wichtig und machte ihm ein heimliches „Vergnügen" während der Aufsicht bei einer Schulaufgabe.

Tillo Mayer 1959

Wer noch im ansonsten sehr jungen Kollegium aufgrund ihres Alters und ihrer Kleidung etwas hervorstach, war Frau *Renate Rathfelder*, die in den Anfangsklassen Englisch unterrichtete. Ihre Berufsbezeichnung war „Sprachenlehrerin für Englisch und Russisch“.

Sie gehörte wie Herr Hering auch zu den ersten Lehrkräften, die mit *Dr. Güldenapfel* die Schule praktisch aus „der Taufe“ gehoben hatte. Heute habe ich den Eindruck, dass sie es genoss, ihren Beruf als Englischlehrerin auch in ihrer neuen Heimat ausüben zu können, wobei in ihrer Aussprache ein klein wenig noch ihr Zweitfach Russisch zum Tragen kam, denn sie war, wie der Gründungsdirektor auch, als Flüchtling aus dem Osten nach Bayern gekommen.

Frau Rathfelder im Unterricht, (ca. 1960/61)

Das vierzehnköpfige hauptamtliche Lehrerkollegium bestand anfangs aus acht Männern und sechs Frauen, was im Gymnasialdienst, der damals hauptsächlich von Männern getragen wurde, eine erstaunliche Ausgewogenheit zwischen den Geschlechtern darstellte.

Ich könnte keinen Lehrer bzw. keine Lehrerin nennen, der/die sich damals nicht um einen guten Unterricht bemüht hätte. Alle, natürlich immer nach dem jeweiligen Naturell und auch Charisma, wollten wohl das Beste mit ihrem Unterricht bewirken.
Bei mir mussten sie sich diesbezüglich aber nicht besonders anstrengen, da ich in fast allen Fächern, Mathe mal ausgenommen, das mir vorgestellte Wissen wie eine Art „Schwamm“ aufsog, weil die dargebotenen Unterrichtsgegenstände, in z. B. Musik, Literatur, Kunst, Geschichte, Geografie, Naturwissenschaften und Sprachen, mir von meiner Herkunft her fremd waren und wohl auch fremd geblieben wären, hätte ich nicht die Chance erhalten, ein Gymnasium besuchen zu dürfen.

Natürlich gab es für mich aber auch negative Erlebnisse, nämlich zum Beispiel mit einer Lehrerin, die ich noch heute in unangenehmer Erinnerung habe. Wir wurden von dieser durchaus attraktiven und jungen Dame in Englisch unterrichtet. Sie traf wohl den Nagel auf den Kopf, wenn sie uns mit dem Spruch „Ihr mit eurem Simbacher Englisch!!", manchmal verspottete, uns aber dadurch sicher nicht beleidigen, sondern vielleicht sogar zu mehr Anstrengung in der Aussprache motivieren wollte. Wer weiß es? Sicher weiß ich aber noch, dass sie mich bei der Herausgabe einer Englisch-Schulaufgabe vor der ganzen Klasse beschuldigte, ich hätte von meinem Nachbarn abgeschrieben und sie sagte zu mir sinngemäß: „Das mag ich, im Schulgottesdienst als Minstrant recht scheinheilig tun, aber bei der Schulaufgabe abschreiben!" Ungefähr so, wortwörtlich weiß ich es natürlich nicht mehr, stellte sie mich vor allen Mitschülern bloß. Ich werde dieses Gefühl, das ich dabei hatte, nie vergessen. Gott sei Dank wiederholte sich so ein Erlebnis während meiner ganzen Schulzeit am Tassilo-Gymnasium nie mehr.

Noch eine andere Dame möchte ich erwähnen: Frau Professor Dr. Schleritzko-Raschhofer.

Sie hatte das Erscheinungsbild einer noblen Dame im mittleren Alter, immer sehr korrekt-damenhaft gekleidet, Hochsteckfrisur, blond, gertenschlank und streng. Sie führte neben Dr. Mallinger als einzige des Kollegiums einen Doktortitel und stammte wie er aus dem österreichischen Braunau. Soweit ich mich erinnere, lehrte sie Deutsch, Geschichte und Erdkunde.

Im letzteren Fach unterrichtete sie uns in ein oder zwei Jahrgangsstufen, immer recht flott und streng sowie gerne mit einem Stab an einer großen, im Klassenzimmer aufgehängten Landkarte etwas zeigend.

Mein einschneidenstes Erlebnis mit ihr war eine Ohrfeige, die sie mir ganz spontan aus dem Handgelenk heraus gab, weil ich sie beim Unterrichten fotografiert, sie aber vorher nicht gefragt hatte. Ich hatte das vorher schon bei einigen anderen Lehrer gemacht. Ich fotografierte immer mit Blitz, weil ich eine sehr billige Kamera hatte, die sonst im Zimmer keine brauchbaren Aufnahmen zuwege gebracht hätte.

Frau Dr. Schleritzko-Raschhofer

Und genau dieser Blitz war es, der Frau Dr. Schleritzko so erschreckt hatte, dass sie instinktiv, wie sie mir später entschuldigend sagte, zum Schlag ausgeholt hatte. Aber es war natürlich auch nicht in Ordnung gewesen, sie unerlaubt zu fotografieren.

Ein belustigendes Schauspiel war es jeden Morgen, wenn unser Zeichen- und Kunstlehrer Erich Türk mit seinem VW-Bus vorfuhr und seine Kinder wie ein kleines Rudel, Kind für Kind, aus dem Kleinbus hüpften. Er hatte nämlich viele Kinder. Die genaue Zahl weiß ich

nicht mehr, aber es waren schon sieben oder acht.
Herr Türk wurde nach einigen Jahren versetzt. Man munkelte, er hätte ein Hotel geerbt, gekauft oder gemietet, um seine Kinderschar angemessen unterzubringen. Ob es wahr oder nur gut gelogen war, weiß ich nicht.

Trotz des sehr jungen Kollegiums kann ich mich nicht erinnern, soweit ich das nach 50 Jahren noch beurteilen kann, dass unsere Lehrer damals besonders ungewöhnliche oder kreative Lehrmethoden angewendet hätten. Der heute, m. E. etwas zu Unrecht so sehr verteufelte Frontalunterricht war eigentlich in jedem Fach die normale Unterrichtsmethode, obwohl die Referendarausbildung sicher auch schon damals andere Unterrichtsformen angeboten hätte. Fakt ist, am Tassilo-Gymnasium wurden kaum „andere" praktiziert.

Natürlich wurden in höheren Jahrgangsstufen „Schülerreferate", vorwiegend im Fach Deutsch, verlangt. In der Oberstufe meiner Zeit war auch die neue Einrichtung der „Studientage" en vogue, in denen eine Klasse oder Schülergruppe der Oberstufe relativ selbstständig ein Thema aufbereitete und dann einem größeren Kreis präsentierte. Der Normalfall des Unterrichts war aber der Vortrag des Lehrers über ein Stoffgebiet mit einem Tafelbild und/oder einem diktierten Hefteintrag, der in der Oberstufe z.T. der eigenständigen Mitschrift der Schüler überlassen war. Am Ende der Stunde wurde in der Regel eine Hausaufgabe gegeben, die in der nächsten Stunde kontrolliert und besprochen wurde. Zuvor musste jedoch noch ein Schüler zum Ausfragen zur Gewinnung einer mündlichen Note nach vorne kommen, was von uns Schülern mit ziemlich gemischten Gefühlen befolgt wurde.

Klar lockerten die Fachlehrer manchmal, aber wegen des großen technischen und organisatorischen Aufwands sehr selten, den Unterricht mit Lehrfilmen auf. Die Biologielehrer hatten ein ganzes Arsenal von ausgestopften Tieren (z.T. von meinem Julbacher Haupt-lehrer gekauft), die sie öfters zum Demonstrieren und zur Veranschaulichung in die Unterrichtsstunde mitbrachten. Im Physik- und Chemieunterricht, der in besonders ausgestatteten Fachräumen stattfand, führten die Fachlehrer öfters Experimente durch. Aber auch wir Schüler durften manchmal in einem besonderen Fachraum kleine Experimente durchführen, was uns sehr viel Spaß machte. Dies war jedoch alles in den normalen Unterricht eingebunden. An einen sonstigen Methodenwechsel oder an ein besonderes außerunterrichtliches Engagement unserer Lehrer kann ich mich nicht erinnern. Dies änderte sich, als in der Oberstufe zwei junge, sehr unterschiedliche, jedoch unwahrscheinlich engagierte Lehrer auftauchten.

Diese beiden redeten uns nicht mehr mit unseren Nachnamen, sondern mit unseren Vornamen an. Auch sie wollten nicht mehr mit Herr Professor, sondern nur mit ihrem Familiennamen angesprochen werden. Und noch etwas muss hinzugefügt werden. Oberstes Prinzip des ganzen Kollegiums war parteiliche und politische Neutralität im Unterricht und in der ganzen Schule. Ich kann mich nicht erinnern, dass jemals ein politisches oder parteipolitisches Thema im Unterricht behandelt wurde. Dass ein Jugendoffizier oder ein Politiker im Unterricht aufgetreten wäre, war damals unvorstellbar und ausgeschlossen.

Ebenso gab es keine Erwähnung des erst 15 Jahre zurückliegenden Zusammenbruchs der Naziherrschaft nach dem verlorenen, von Deutschland angezettelten Weltkrieg. Themen wie Judenvernichtung und sonstige Naziverbrechen waren außerhalb des Geschichtsunterrichts kein Thema. Und im Geschichtsunterricht kamen wir sowohl in der Mittel- als auch der Oberstufe eigentlich immer nur bis zum 1. Weltkrieg. Der 2. Weltkrieg wurde dann im „Zeitraffersystem“ am Ende des Schuljahres noch der Form halber „durchgepeitscht“. Dies war aus meiner heutigen Sicht nicht in erster Linie Absicht, sondern wohl dem Umstand geschuldet, dass die Umsetzung des theoretisch erstellten Curriculums in der Praxis nicht immer ganz erfolgen kann, da widrige Umstände, wie z.B. Stundenausfall durch Erkrankung des Lehrers oder Schulveranstaltungen und deren Vorbereitungen, dies erschwerten.

Das allein kann es jedoch nicht gewesen sein.

Das Lehrerkollegium war so jung, dass eigentlich die wenigsten männlichen Mitglieder den Krieg als Soldaten miterlebt hatten, da sie zum Ende des Krieges noch Gymnasiasten waren. Sie konnten also aufgrund ihres Alters nichts über evtl. Kriegserlebnisse an der Front berichten. Lediglich der Direktor hätte aufgrund seines Alters als Soldat im Einsatz gewesen sein können. Aber auch er sprach nie darüber. Und ich weiß auch nicht, ob er überhaupt im Krieg war.

Das 15 Jahre zurückliegende Kriegsende, die sechs Jahre Krieg davor und das Leben der Lehrer während des Krieges, waren also kein Thema am Tassilo-Gymnasium. Natürlich wurden auch die Themen „Nazi", „Nazidiktatur" oder Judenverfolgung" kaum thematisiert.

Vielleicht war man in der damaligen Aufbruchstimmung nach dem Krieg und des aufkeimenden Wirtschaftswunders nicht gewillt, sich von der schlimmen Vergangenheit runterziehen zu lassen. Und vielleicht hatte man nach der doktrinhaltigen Zeit des 3. Reiches Sehnsucht danach, alles zu „entpolitisieren" und die Schule ideologiefrei zu machen.

Möglicherweise gab es auch Weisungen des Kultusministeriums?!

15. Der „Direx“: Oberstudiendirektor Hans Haberl

Der Direktor der Simbacher Oberrealschule, respektive des Tassilo-Gymnasiums, war während meiner ganzen Schulzeit und auch noch einige Jahre danach Herr Oberstudiendirektor Hans Haberl.

Wie bereits erwähnt, trat er erst kurz vor meinem Eintritt in die Oberrealschule seinen Dienst als Schulleiter in Simbach an. Ich kann über ihn nur aus meiner damaligen „Schüler-Frosch-Perspektive“ berichten. Deshalb weiß ich auch nicht, wo und in welcher Funktion er vorher arbeitete.

Wahrscheinlich war er wohl irgendwo an einem bayerischen Gymnasium Lehrer für Englisch und Französisch, denn das waren seine Unterrichtsfächer, in denen er auch noch als Direktor einige wenige Schulstunden pro Woche unterrichtete.

Über sein Privatleben war mir nur bekannt, dass seine erste Frau relativ früh verstarb und er nun mit einer erheblich jüngeren, sehr attraktiven Frau verheiratet war.
Dies weiß ich u.a. auch deshalb, weil seine Frau ihn ziemlich regelmäßig auf Schüler- und Abiturbälle begleitete und ich mich damals als Schülersprecher getraute, sie um einen Tanz zu bitten, worauf sie sehr freundlich und unkompliziert einging.

Aus dieser und/oder seiner früheren Ehe gab es auch Kinder, wie ich mich zu erinnern glaube, die ich jedoch nie bewusst zu Gesicht bekam.

Oberstudiendirektor Hans Haberl

Herr Direktor Haberl im Fasching als „Göttervater Zeus“ verkleidet.

Während meiner Schulzeit habe ich es nicht gewusst, aber bei einem späteren Schülertreffen, ziemlich lange nach meinem Abitur auf der Heinzelspitze, kam ich mit ihm einmal in einen kleinen Disput, dem ich entnahm, dass er wohl eher einfacherer Herkunft war. Denn damals meinte er etwas nachdenklich, ob sein Bruder, der Elektriker geworden war, nicht eine bessere Wahl getroffen hätte als er, weil dieser keinerlei Entfremdungen und Probleme sonstiger Art, denen man als Aufsteiger manchmal ausgesetzt ist, bewältigen musste. Damals widersprach ich ihm sehr heftig, heute würde ich dies zwar auch tun, aber etwas weniger vehement.

Als Direktor machte er aus seiner Liebe zur bairischen Sprache kein Hehl und wendete sie manchmal sehr kompetent in Situationen an, in denen die Hochsprache nicht so viel ausdrücken kann wie der Dialekt. Deshalb, aber auch aufgrund seines freundlichen Wesens sorgte er gerne, wenn er in den Klassen zu einer Stippvisite vorbeischaute, für einen Lacher und damit auch für eine lockere Atmosphäre, wenn er mit folgendem Spruch behauptete, dass man mit Bairisch auch Französisch könne: „Imoadoschoa“. Damit verlor er aber keineswegs etwas von seiner Autorität, denn er war zumindest für mich und wohl auch für meine Mitschüler ein Mann, der eine natürliche und wohlwollende Autorität ausstrahlte.

Wie ihn seine Kollegen erlebten, entzieht sich völlig meiner Kenntnis, da damals die Lehrerzimmertür eine Art heilige und versiegelte „Pforte“ war, aus der nie hervordrang, was hinter dieser Tür geschah. Man konnte als Schüler nicht einmal in diese „heiligen Räume“ blicken, wenn man klopfte, um einen Lehrer zu sprechen. Denn dieser schloss, wenn er herauskam, sofort wieder die Tür, um jeden Einblick ins „Allerheiligste“ zu verhindern. Dass sich ein Lehrer über den Direktor oder auch über einen Kollegen in auch nur geringstem Maße missbilligend oder auch nur hinterfragend vor der Klasse geäußert hätte, war undenkbar.
Insofern kann ich über derartige „Hintergründe“ nichts berichten.

Mit voller Überzeugung kann ich jedoch sagen, dass zumindest für mich und aus meiner damaligen Schülerperspektive das Klima am Simbacher Gymnasium ausgezeichnet war, was vielleicht auch von der geringen Schülerzahl herrührte. Nicht nur ich, sondern auch so mancher meiner ehemaligen Mitschüler, machte auch noch einige Jahre nach unserem Abitur, im Tassilo-Gymnasium eine kleine Stippvisite, wenn man in der Nähe war, um ehemalige Lehrer wieder mal zu sehen und zu sprechen. Und welcher ehemalige Schüler würde dies tun, wenn er nicht mit seiner Schulzeit und seinen Lehrern angenehme Erinnerungen verbinden würde? Für dieses insgesamt sehr gute Schulklima spricht auch noch, dass ich mir bei meiner Abiturrede im Festsaal des Rathauses Simbach schwer tat, wenigstens einige Kritikpunkte zu finden. Um nicht nur von Dank zu sprechen, hantelte ich mich an einigen eher marginalen Kritikpunkten entlang, um nicht als kritiklos dastehen zu müssen. Dieses sehr angenehme Schulklima war natürlich dem ganzen Lehrerkollegium zuzuschreiben, an vorderster Stelle aber doch dem Schulleiter.

Ich persönlich bin ihm aber ganz besonders zu Dank verpflichtet, weil er mich, wie bereits berichtet, pädagogisch und menschlich sehr sorgsam, ja feinfühlig in die Simbacher Oberrealschule während eines laufenden Schuljahres aufnahm, aber auch, weil er für meine Ausbildung in den für das Theologiestudium notwendigen Sprachen sorgte, ohne dass ich ihn darum gebeten hätte. So organisierte er in der 12. Jahrgangsstufe für mich und noch einen Mitschüler einen dreistündigen Regelwochenunterricht in Latein, so dass wir mittels der Abiturprüfung das große Latinum erwerben konnten. Ebenso erteilte mir und einer Mitschülerin in der 12. und 13. Jahrgangsstufe von 7.00 Uhr früh bis zu Beginn der ersten Schulstunde einmal in der Woche ein dafür vom Direktor eingeteilter Lehrer, der über die entsprechende Fakultas verfügte, Unterricht im Fach Griechisch.

Beides hat mir im Studium die sehr lästige und zeitraubende Nachqualifikation in den für das Theologiestudium vorgeschriebenen Sprachen erspart, wofür ich Herrn OStD Haberl noch heute dankbar bin.

16. Lehrerpersönlichkeiten am Tassilo-Gymnasium, die mir ganz besonders in Erinnerung geblieben sind

Turnen beim „Fickert-Hansi“

Wie bereits erwähnt, war Herr „Professor Fickert“, für den wir den konnotativ vielsagenden Spitznamen „Fickert Hansi“ erfunden bzw. von den älteren Schülern übernommen hatten, unser Turnlehrer von der ersten Klasse Gymnasium bis zum Abitur. Meiner Erinnerung nach gab es in den ersten Jahren unserer Schulzeit an der Oberrealschule Simbach für Jungen nur einen Turnlehrer und das war Herr Fickert.

„Fickert Hansi“ war also zu dieser Zeit der sportliche „Moar“ an der Schule, was er wohl sprachlich nicht ganz verstanden hätte, da er, wo auch immer er herstammte, ein klares, dialektfreies Hochdeutsch und meines Wissens kein Bairisch sprach.

Er hatte keinesfalls „Gardemaße“, sondern war schon eher von kleiner Gestalt, glich dies aber durch seine sehr drahtige Statur und straffe Körperhaltung sowie mit „forschen Sprüchen“, die er am laufenden Band von sich gab, aus.

Da die Stadt Simbach bis zu meinem Abiturjahr 1968 noch immer nicht ihr 1958 bei der Einweihung des naturwissenschaftlichen Trakts der Oberrealschule gegebenes Versprechen, eine eigene Turnhalle zu bauen, eingelöst hatte, wurde der Sportunterricht in der ca. 1 km entfernt gelegenen „Städtischen Jahn-Turnhalle“ durchgeführt. Deshalb mussten alle Schüler vom Gymnasium in einer Art „Kohorte“ zu Fuß mit den Turnsachen im geschulterten „Matchsack“ zu dieser Turnhalle marschieren. Fand der Turnunterricht in den beiden letzten Stunden statt, durften wir unsere Fahrräder schiebend mitführen. Der Abmarsch erfolgte aber erst, wenn Herr Fickert eingetroffen war und mit einem gellenden Pfiff seiner Trillerpfeife das Zeichen für den Aufbruch gegeben hatte.

An der Turnhalle angekommen, zogen wir uns um und traten wie Soldaten auf dem Kasernenhof vor Herrn Fickert an. Der Größte, das war ich, stand immer vorne in der Reihe. Der Kleinste bildete den Abschluss.

Als wir in Reih und Glied vor ihm stramm standen, gab er mit einem Pfiff auf seiner Trillerpfeife das Startzeichen zum Warmlauftraining. „Hopp! Hopp! Kerle! Kerle! Tempo! Tempo!! Keine Müdigkeit vorschützen!!!“, rief er, um uns wohl zur optimalen Leistung zu bringen. Ein nun folgender Doppelpfiff mit der Ansage: „Sprint!!“, sollte uns noch mehr antreiben. Nun musste man Leistung zeigen und ja nicht im Tross zurückfallen, denn da konnte man sehr schnell vom „Hansi“ einen „kessen Spruch“ kassieren.

Insgesamt war für mich dieses Laufen aber noch das Schönste am Turnunterricht, wie man damals noch sagte. Wenn es danach hieß: „Bock und Sprungbrett aufstellen!“ oder „Reck aufbauen!“, war meine Laune von einer gewissen Angst, was da nun wieder kommen würde, etwas getrübt, denn ich war etwas dicklich und eine sportliche Flasche, was in „Hansis“ Augen ein großes Minus bedeutete.

Für das Aufstellen der Turngeräte gab es unter uns ausgesuchte „Spezialisten“, die dies im Laufschritt und mit großer Präzision erledigten, wie sie es vom „Fickert-Hansi“ gelernt hatten.

Das „Bock-Springen“ empfand ich nicht ganz so schlimm, weil ich mit etwas Glück beim Absprung manchmal über den Bock kam oder bei einem zu kurzen Sprung oder Anlauf auf dem Bock sitzen bleiben konnte, was mir bei unserem Sportlehrer natürlich keine positiven Punkte einbrachte.

Um einiges schlimmer war für mich aber das Reck. So sehr ich mich auch anstrengte, kam ich beim Feldaufschwung einfach nicht über die Reckstange hinweg, obwohl mir Mitschüler Hilfestellung gaben und mich „Hansi“ mit seinem pädagogisch vielleicht gut gemeinten Ruf: “Kerle, Kerle! Nimm dein Gerät hoch!!“, zu motivieren versuchte. Über einen ähnlichen Unglücksraben wie mich, der aber aus einer anderen Klasse war, witzelte er, während dieser hilflos und schlaff am Reck hing: „Du hängst ja an der Stange wie ein Datschi!“ Dieser Vergleich war wohl so „treffend“ und bei den Mitschülern „eingängig“, dass dieser arme Wicht, leider bis zu seinem allzu frühen Lebensende, den Spitznamen „Datschi“ trug, obwohl er jedem „ein Bagge Fotzen“ antrug, der ihn so nannte.

Nach diesem Geräteturnen kam der eigentlich „gemütlichere“ Teil des Turnunterrichts. Es wurden nun Mannschaftsspiele wie Volleyball oder Hallenhandball bzw. Sitzfußball ausgetragen. Diese Spiele mochte ich eigentlich recht gerne, aber nicht die Methode der Mannschaftszusammenstellung. Hierzu musste sich die ganze Klasse wieder der Größe nach aufstellen und zwei der „Sports-Größen“ durften die Namen derer aufrufen, die sie in ihrer Mannschaft haben wollten. Da ich, wie ich schon sagte, eine sportliche Null war, wurde ich natürlich nicht als einer der Ersten aufgerufen, sondern meist als einer der Vorletzten oder Letzten. Das war für mich schon immer wieder äußerst unangenehm und vergällte mir das kommende Spiel, noch bevor es begonnen hatte.

Ob sich der „Fickert-Hansi“ jemals Gedanken über die psychischen Auswirkungen bei seinen Schülern des Turnunterrichts gemacht hat? Ich glaube, eher nicht. Vielleicht war das aber damals die gängige „Sport-Pädagogik“, die er in seiner Ausbildung so gelernt hatte?! In meiner späteren beruflichen Tätigkeit als Lehrplan-Evaluator für das Bayerische Kultusministerium bin ich immer wieder darauf gestoßen, dass insbesondere bei den Lehrplänen für das Gymnasium nach Möglichkeit all das hineingepresst wird, was das Fach an der Universität umfasst, denn man will ja „wissenschaftlich“ sein! Ein weit besseres Auswahlkriterium für das jeweilige schulische Fach, wäre, zu überlegen, welche Lerninhalte und -ziele der Schüler für sein jetziges, aber vor allem auch für sein künftiges Alltagsleben braucht. Bezieht man das auf den Sportunterricht, so sollte weniger Zeit und

Kraft auf beispielsweise Bocksprung, Weitsprung, Felgaufschwung am Reck oder Rolle rückwärts auf dem Barren, u. ä. verwendet bzw. sogar „verschwendet" werden. Weit wichtiger und nachhaltiger wäre, für den Schüler eine sportliche Erziehung mit dem Ziel, beispielsweise Gymnastikübungen zu erlernen, die er später selbständig durchführen kann. Kurzum, der Sportunterricht sollte hauptsächlich so gestaltet sein, dass er dem Schüler auch als Erwachsener hilft, gesund zu bleiben oder wieder gesund zu werden. Dies gilt im Grunde genommen für alle Fächer!

Musik bei der „Fiffi"

Welchem ehemaligen Schüler des Tassilo-Gymnasiums entschlüpft nicht ein amüsiertes Lächeln, wenn er an seinen Musikunterricht denkt. Oft folgt dem aber auch ein Seufzer: „Mei, de Fiffi! Ham mia de gäagad, de arme Fiffi!"
An ihr kam keiner vorbei, der damals das Simbacher Gymnasium besuchte und sie wird auch keinen ihrer Schüler jemals vergessen haben, denn sie war Jahrzehnte lang eine originelle und einmalige Musikpädagogin am Simbacher Gymnasium. Sie lebte mit und in der Musik! Und keiner von uns unaufmerksamen „Schülerflegeln" konnte sie davon abbringen. Wenn sie uns von Mozart, Beethoven, Schubert und anderen Musikgenies erzählte, bekam sie leuchtend schwärmerische Augen und ein glückseliges Lächeln umspielte ihr Gesicht. Man merkte es gleich an ihrer Sprache, dass sie österreichischer Herkunft war. Auch an ihrer Dienstbezeichnung „Gymnasiallehrerin" und nicht z.B. „Studienrätin" konnte man erkennen, dass sie wohl nicht die „übliche" Ausbildung zur Musiklehrerin in Bayern durchlaufen hatte. Man erzählte sich, dass sie vor ihrer schulischen Laufbahn Opernsängerin gewesen sei und durch die Wirren des 2. Weltkriegs wie der Gründer des Gymnasiums, Dr. Güldenapfel, ihre Kollegen Rathfelder und Hering auch, in Simbach gelandet sei. Wann, woher und wie sie nach Simbach kam, war bei Frau Zeschner, wie sie eigentlich hieß, uns gegenüber kein Thema. Privates war bei

den damaligen Lehrern tabu. Eigentlich wussten wir nur vom Hörensagen, dass sie wohl unverheiratet, vielleicht aber auch geschieden oder verwitwet sei. Sie war immer sehr adrett und sorgsam gekleidet, aber eher im Stil einer „Gouvernante“, wie ich sie mir vorstellte, ohne je eine gesehen zu haben. Vor allem ihre geschnürten Schuhe mit niedrigem Absatz, habe ich immer noch im Kopf, wenn ich sie mir in meiner Erinnerung vorstelle. Von einem Schulfreund, dessen Eltern später mit Frau Zeschner befreundet waren, weiß ich, dass sie sich einige Jahre nach unserem Abitur ein schönes Haus bauen ließ und dort ihren Lebensabend verbrachte, bis sie im hohen Alter starb.

In der Unterstufe herrschte noch Zucht und Ordnung im Musikunterricht. Um dies bereits von Anfang an bei den „Erstklasslern“ anzubahnen, holte Frau Zeschner diese vom normalen Klassenzimmer ab. Auf ihr Zeichen hin mussten diese in Zweierreihen in den Musiksaal marschieren. Dort stand vor den vielen, schwarz bestuhlten Reihen auf einem Podest ihr „Heiligtum“, das Klavier, ein glänzend schwarz lackierter, eindrucksvoller Flügel, an den sich „Fiffi“ gleich zu Stundenbeginn setzte und anfing, eine Tonleiter zu spielen. Um unsere Stimmen langsam ans Singen zu gewöhnen, mussten wir nun alle die Tonleiter rauf und runter singen: Do-Re-Mi-Fa-So-La-Si-Do und wieder runter und wieder rauf. Das mussten wir so lange wiederholen, bis sie der Meinung war, dass unsere Stimmen nun genügend „geölt“ seien, um ans Singen gehen zu können. Dafür hatten wir ein „Liederbuch“ mit Texten und Noten, wobei es das fast nie erreichte Ziel war, ein unbekanntes Lied nach Noten, also „vom Blatt“, singen zu lernen. In den unteren Klassen handelte es sich hierbei meist um recht bekanntes Volksliedgut, in der Mittel- und Oberstufe waren es eher klassische Lieder und Balladen, wie z.B. „Sah ein Knab ein Röslein stehen...“, „Ein Fischlein gar so schnelle...“ oder sogar Schillers, von Beethoven vertonte, „Ode an die Freude...“, die wir mehr schlecht als recht und ohne jeden Ehrgeiz zu singen versuchten.

Natürlich gab es auch „Theorie“ im Unterricht, die vor allem Noten,

Notenschlüssel, Dreiklänge usw. zum Thema hatte. Es ist leicht einzusehen, dass der Theorie-Unterricht den Durchschnittsschüler nicht, aber auch schon gar nicht interessierte. Nicht die Bohne begeisterte dies vor allem diejenigen Schüler, die kein Instrument spielten! Noch weniger die reichlich in der Mittel- und Oberstufe vorhandenen pubertären „Lackeln", die vor „kraftvollem Unsinn" fast platzten. Trotzdem oder gerade deshalb holte „Fiffi" zur Notengewinnung ihre Schüler zum Stundenbeginn manchmal an die Tafel, damit sie mit Schulnoten beurteilen konnte, was der jeweilige Schüler von ihrem Theorie-Unterricht behalten hatte. Dies und das „Vorsingen" brachten für ihr Notenbüchlein „Stoff" für die Zeugnisnote. Das Vorsingen war aber häufig eigentlich nicht benotbar, weil der Geprüfte oftmals sich das Lachen nicht verbeissen konnte und seine Freunde immer wieder dann lautstark losprusteten, wenn der Prüfling seine Stimme erhob. Soweit die eine, wohl für Frau Zeschner furchtbar anstrengende und frustrierende Seite ihrer Tätigkeit.

Ganz anders war es, und man merkte es ihr förmlich an, wie sie vor Begeisterung sprühte, wenn sie mit dem Schulchor und ihren Orchesterschülern, die alle von Musik begeistert waren, Aufführungen vor größerem Publikum, zum Beispiel ein Frühlings- oder Advents-Konzert im Rathaussaal, veranstaltete. Manchmal wagte sie sich sogar an kleine Opern bzw. Singspiele heran. Und das tat sie oft und gerne, wie schon bei den „Highlights" beschrieben. Ihre Begeisterung zeigen noch heute Fotos von damaligen Aufführungen.

Frau Zeschner als begeisterte Dirigentin

Selbstverständlich war sie bei der alljährlich im ersten Stock vor dem Lehrerzimmer stattfindenden Weihnachtsfeier und natürlich auch bei der feierlichen Übergabe der Abiturzeugnisse im Rathaussaal mit ihrem Schulchor und -orchester dabei. Einmal umrahmte sie sogar so die Trauung einer Lehrerin des Gymnasiums in der Simbacher Stadtpfarrkirche. Es war herrlich anzusehen, wie Frau Zeschner bei solchen Aufführungen aufblühte und uns mit ihrem Glücksgefühl mitriss.

In der Oberstufe bot sie den Schülern Fahrten von Simbach nach Salzburg in das dortige Landestheater oder sogar in das Münchner Nationaltheater an, um dort Opern-, Operetten- oder Konzert-Aufführungen live erleben zu können.

Landestheater Salzburg

Nationaltheater München

Kleine Pause vor der Opernaufführung

Das waren schon musikalische Highlights „en gros“ für uns, auch wenn der eine oder andere den „Strapazen“ dieses Angebots nicht ganz gewachsen war und im Theater einschlief. Wenn er aber neben unserer „Fiffi“ saß, hatte er Glück, denn sie weckte diese „Opernpenner“ unsanft mit energischen Rippenstößen, wenn eine interessante Stelle in der Aufführung unmittelbar bevorstand.

Für mich waren das jedoch Erlebnisse, die ich ohne Gymnasialbesuch und ohne „Fiffi“ aufgrund meiner Herkunft nie hätte haben können. Dafür bin ich Frau Zeschner von ganzem Herzen dankbar. Denn durch sie erschloss sich mir eine wunderbare Musikwelt, von der ich noch heute in hohem Maße profitiere und zehre.

Latein beim „Niedamoale“ und beim „Zeus“

„Zeus“ hieß wirklich so, nämlich mit Familiennamen „Zeus“! „Da Niedamoale“, unser Lateinlehrer der ersten beiden Latein-Jahre, hieß im wirklichen Leben „Niedermayer“, wie sich der kundige Mundartsprecher wohl schon gedacht hat.

Während Herr Zeus ein Hühne von gut zwei Metern war, der alle Schüler und Lehrer erheblich überragte, war Herr Niedermayer von recht kleinem Wuchs, eher schon „a Manderl“, wie man bei uns in Niederbayern damals und heute sagt. Aber: Beide waren jung und sehr streng sowie durchsetzungsfähig!

Bei Herrn Niedermayer machten wir die ersten Schritte in der lateinischen Sprache, was sehr zügig, ja fast militärisch stramm von statten ging. Vokabeln „steißen“, zum Stundenanfang abgefragt werden, deklinieren, konjugieren und natürlich vom Deutschen ins Lateinische sowie vom Lateinischen ins Deutsche zu übersetzen, waren die „Meilensteine“ unseres Lateinunterrichts. Pausen oder Abschweifungen vom „Programm“ waren Herrn Niedermayers Sache nicht. Mir kam mein Anfangsjahr im humanistischen Gymnasium in Burghausen hier sehr zu Gute, so dass ich anfangs im Lateinunterricht sehr gut zurecht kam, was sich aber, wie ich gleich noch „beichten“ werde, zwischendurch, insbesondere vor dem Abitur, ziemlich legte. Der Lateinunterricht gefiel mir nicht in erster Linie wegen meiner anfangs noch sehr guten Noten, sondern vor allem deshalb, weil ich neben dem hübschesten Mädchen meiner Klasse sitzen durfte. Heimlich verehrte ich sie schon lange, aber leider völlig chancenlos. Deshalb machte es mir nichts aus, wenn meine „schöne Banknachbarin“ schwätzte und der „Niedamoale“ seine Strafpredigt über mich ergoss. Vielleicht musste ich den Kopf hinhalten, weil sie ihm auch gefiel und er es nicht übers Herz brachte, so ein liebes Mädchen zu „schuriegeln“. Wer weiß? Lateinlehrer sind eben auch nur Männer!?

Schon eher verdross es mich, als Herr Niedermayer eine Übersetzung von mir vor der Klasse etwas überheblich ins Lächerliche zog. Ich hatte „agricula arrat“ mit „der Bauer ackert“ übersetzt, wozu der Lateinlehrer meinte: „Bei euch in Julbach ′ackert′ man vielleicht, aber wir in der Stadt und am Gymnasium ′pflügen′“. Erst viele Jahre später beim Linguistik-Studium und meiner intensiven Erforschung von Hochsprache und Dialekt im Rahmen meiner Dissertation merkte ich, dass dies einen nicht aufrecht zu erhaltenden Standpunkt darstellt, sondern nur ein überholtes Vorurteil ist. Denn im Hochdeutschen haben die süddeutschen Varianten dieselbe Berechtigung wie die norddeutschen: „Brötchen“ ist kein besseres Hochdeutsch als „Semmel“, was aber leider noch immer viele meinen. Man trifft sich immer zweimal im Leben, heißt eine Redensart. Auch mit Herrn Niedermayer und mir war es so. Irgendwann und irgendwie kam es dazu, dass Erding, wo ich auch noch heute wohne, meine zweite Heimat wurde. Und dort hörte ich, Jahrzehnte nach unserer Begegnung am Simbacher Gymnasium, wieder von Herrn Niedermayer, der, was ich vorher nicht wusste, aus dem Ort Eitting bei Erding stammte, und nun am Erdinger Gymnasium unterrichtete.

Aber kehren wir wieder in das Jahr 1964 und an das Tassilo-Gymnasium in Simbach zurück. Hans Niedermayer war wohl auf eigenen Wunsch, in seinen Heimatlandkreis und an das dortige Gymnasium versetzt worden. Zu uns kam Herr Zeus als neuer Lateinlehrer. Man musste sich erst, gemessen an seinem Vorgänger, an die Größe dieses Hühnen gewöhnen, der nun, meist im blauen Anzug mit Krawatte, vor uns stand, uns aber ebenso wie Herr Niedermayer sehr straff und konsequent in die „Geheimnisse des Lateinischen“ einführte. Sein Name hätte nicht besser für seine Tätigkeit als Latein- und Griechischlehrer ausgewählt worden sein können. Er war für uns der „Zeus“, für ihn brauchten wir uns keinen eigenen Spitznamen auszudenken. Nun begannen wir ja schon römische Schriftsteller, wie z.B. Cäsar, Vergil oder sogar Ovid im Original zu lesen und zu übersetzen, was uns mal besser, mal schlechter gelang. „Zeus“ war etwas witziger und „unterhaltsamer“ als sein Vorgänger, wenn auch nicht immer freiwillig. Wenn z.B. ein lateinischer Text für uns sehr schwierig zu übersetzen war und wir uns in den lateinischen Satz-Labyrinthen“ verloren hatten, gab er uns immer den für ihn wohl wertvollen, für uns jedoch völlig nutzlosen Rat: „Saprament, hoitns den Text ganz weit weg!“ „Ganz weit weg, sog i!“ “Saprament“, sagte er überhaupt sehr gerne und bei jeder Gelegenheit, am liebsten aber als Einleitung seiner Ausführungen.

Öfters erzählte er uns und beschwerte sich sogar darüber, dass ihn auf seinem Schulweg, den er immer zu Fuß zurücklegte, morgens so viele Schüler grüßen würden: „Saprament! Saprament, sog i! Jeder sagt zu mir ´Grüß Gott!´ in da Früh! Dauernd ´Grüß Gott! Grüß Gott!.´ Ständig muss ich antworten ´Grüß Gott! Grüß Gott!! Do wirsd ja ganz narrisch!“

In einem der letzten Oberstufenjahre organisierte ich als damaliger Schulsprecher eine “Religiöse Woche“ für alle Oberstufenschüler. Dabei wurden von Geistlichen Vorträge, Diskussionen und Gottesdienste abgehalten. Mit dem „Direx“, der für so etwas sehr offen war, hatte ich vereinbart, dass die Lehrer in dieser Woche keine Hausaufgaben aufgeben sollten, da diese Veranstaltungen zum Großteil nachmittags stattfanden. Alle Lehrer hielten sich daran. Nur „Zeus“ wollte von einer Hausaufgabenbefreiung nichts wissen und sagte:“Saprament, des is mia wuarscht! Ihr übersetzt aus dem Ovid die Seiten 12 und 13! Basta, Saprament noamoi“! Da er sich trotz meines Hinweises auf die mit dem „Direx“ ausgehandelte Hausaufgaben-Befreiung nicht umstimmen ließ, schwor ich die Mitschüler darauf ein, die von Zeus aufgegebene Übersetzung nicht selbst anzufertigen, sondern sie aus einer sog. „Schwarte“, also einem Heftchen mit Übersetzungen von oft zweifelhafter Qualität, die fast jeder von uns besaß, abzuschreiben. Natürlich, wie das eben meist so ist, waren nicht alle meinem „Aufruf“ gefolgt. Über diejenigen, die es aber getan hatten, verhängte „Zeus“ ohne Nachsicht eine Stunde „Arrest“ mit den Worten: „Saprament, do ken i nix!“ Und so wanderte ich wieder einmal mit einigen anderen „Delinquenten“ in den „Arrest“, in dem er uns einen „saftigen“ Übersetzungstext vorlegte, den er auch noch drohte zu benoten, was er aber dann doch nicht tat. Dass ich Schulsprecher war, interessierte ihn nicht die Bohne!

Ernsthaft getrübt hat dies unser Verhältnis aber nicht. Ich konnte mir ein „Beleidigtsein“ aber schon auch deshalb nicht leisten, weil außer mir und einem Mitschüler keiner meiner Klasse in Latein Abitur schreiben wollte. Nun stand ich da! Denn ich hatte immer noch die Absicht, Theologie zu studieren und dazu brauchte man unbedingt das „Große Latinum“, das ich nur mit der Abiturprüfung erlangen konnte. Ohne ihn darum gebeten zu haben, hatte Herr Direktor Haberl es so „gedeichselt“, dass wir zwei, mein damaliger Banknachbar und ich, quasi die „Abiturklasse Latein“ bildeten und uns Herr Zeus drei Stunden pro Woche unterrichtete. Das war ein Bild! Der „Zeus“ saß am Lehrerpult und direkt davor saßen wir zwei Lateinschüler. Das war die ganze „Truppe“!

Unsere Lateinstudien begannen nicht sehr vielversprechend, denn jeder von uns beiden schrieb bei der ersten Schulaufgabe eine Fünf oder gar eine Sechs, was unseren „Lateintrainer Zeus“ zu dem Satz hinreißen ließ: „Saprament, Burschn, do sig i schwarz, ganz schwarz sig i do!“ Diese Schulaufgabe, die uns dieses schwache Ergebnis beschert hatte, stand schon von Anfang an unter einem etwas unglücklichen Stern. Man muss sich das vor seinem geistigen Auge einmal vorstellen. Herr Zeus hatte uns in einem großen Klassenzimmer, in dem sonst über 30 Schüler saßen, ganz weit auseinandergesetzt, so dass er als „Aufsicht“ gemütlich Zeitung lesen konnte, denn es war unmöglich zu spicken oder gar voneinander abzuschreiben, was wohl bei unserem Leistungsstand ohnehin kein großer Gewinn gewesen wäre. So weit ich mich heute noch daran erinnere, hatte der ins Deutsche zu übersetzende Text irgendetwas mit der Sage von der Gründung Roms und der Wölfin zu tun, an deren Zitzen ihre Jungen saugten. Da meinem Mitprüfling die Bedeutung des lateinischen Wortes „uber“, das im Text vorkam und auf Deutsch „Zitze“ heißt, nicht einfallen wollte, zischelte er mir über fünf Bankreihen mehrmals zu: „Wos hoast denn ´uber´?!“, was natürlich Zeus, da er ja nicht schwerhörig war, nicht entgehen konnte. Da er aber uns gegenüber eigentlich wohlgesonnen war und ein schlechter Notenschnitt von uns zwei auch auf ihn zurückfallen würde, wollte er meinem Mitschüler in seiner Not helfen und meinte etwas süffisant schmunzelnd: „Uber, ubris!! Justl, denkn‘s ans Wochenende! Denkn‘s an Braunau, denkn‘s an Mädls!“, womit er darauf anspielen wollte, dass damals Braunau mit seiner „Almbar“, in der es in den Augen vieler Eltern und Lehrer recht zügellos, angeblich wie in Sodom und Gomorrha, zugehen sollte, als „Sündenbabel“ galt.

Die „AlmBar“ in Braunau: Synonym für „Sodom und Gomorrha“

Um noch mehr zu helfen, deutete er mit den Händen mehrfach vor seiner Brust etwas Rundes an. Plötzlich hatte mein Lateinkollege einen Geistesblitz und rief freudig erlöst:“ Ah!! Jetzt woas is!!“ Und er übersetzte nun eifrig: „Die Jungen der Wölfin saugten sich an den rundlichen Brüsten der Wölfin satt“.

Der grottenschlechte Einstand in unsere Vorbereitung auf das Latein-Abitur war uns zwei so sehr in die Glieder gefahren, dass wir Herrn Zeus öfters baten, uns für zu Hause etwas zum Übersetzen aufzugeben. Da dies aber nur Sinn machte, wenn er unsere Übersetzungen auch korrigierte, war er nicht besonders erbaut, wenn wir am Lehrerzimmer klopften und ihn um eine Aufgabe baten:“Saprament! Seids ia scho wieda do!?“, war manchmal unter Grinsen sein Spruch. Aber, er gab uns unverdrossen doch immer wieder einen Übersetzungstext. Der Korrektur mussten wir aber immer wieder hinterherlaufen. „Sapradi, do bin i no ned dazuakema“, war seine Ausrede, oft auch bei der dritten Nachfrage. Aber, wir ließen nicht locker, bis wir unsere korrigierten Texte zurückbekommen hatten.

Manchmal erschien er in der 1. Stunde nicht zu unserer Lateinstunde. Wenn wir ihn darauf ansprachen, meinte er etwas schief grinsend: „Sapradi, eia Schdund howe ganz vagessn!“

Möglicherweise hatte er mit unserer „Abiturklasse“ mit dem „Direx“ einen schlechten „Deal“ machen müssen. Vielleicht wurden ihm wegen der äußerst geringen Schülerzahl von den drei zu haltenden Stunden nur zwei auf sein Stundenmaß angerechnet? Oder, er war eben so ein lockerer Typ? Denn Lässigkeit strahlte er schon aus, wenn er all zu gern in seinem blauen Anzug und ohne Aktentasche, nur mit einem kleinen Lektürehefterl zwischen den Fingern schwingend, morgens in die Schule kam, so nach dem Motto: „Schaut her, ich habe alles im Kopf, ich brauche nur ein kleines Lektürehefterl für meinen Unterricht.“

Nach diesem miserablen Einstand in unsere „Latein-Abitur-Karriere“ übersetzten und lernten wir zusammen auf Teufel komm raus. Mit vielen vollen Aschenbechern sowie einer Menge ausgetrunkenen Kaffeetassen und dem entsprechenden „Murren“ unseres „Zeus“ ob der vielen Korrekturen, schafften wir beide als Vorbenotung noch eine „Gnaden-Drei“.

Und mit einem riesigen Dusel schrieben wir beide in der Abiturprüfung die Note „Zwei“, was aufgrund des damals doppelten Gewichts des Abiturergebnisses uns beiden ein sagenhaftes „Gut“ in Latein im Abiturzeugnis einbrachte.

Und das „Große Latinum“ bekamen wir noch obendrauf.

„Saprament! Des häd i ned denkt!“, war der freudige Kommentar unseres „Göttervaters“, als er uns zwei zu einer kleinen, aber feinen „Abiturfeier“ in das damals recht renommierte Heinzelspitzen-Café in Simbach einlud.

Erdkunde und Geschichte beim „Johnny“

„Johnny“ war ein blutjung aussehender Lehrer, als er im Schuljahr 1960/61 als Studienassessor für Deutsch, Erdkunde und Geschichte an die Oberrealschule Simbach versetzt wurde.

Er erschien immer sehr gepflegt, manchmal in unseren Augen sogar etwas übertrieben konventionell gekleidet, selbstverständlich mit Krawatte und gerne in grauen Anzügen, mit meist doppelreihig geknöpften Sakkos. Diese waren vom Schnitt und Habitus her eigentlich eher Anzüge für ältere Herren, weshalb sein „Aufzug“ manchmal etwas gestelzt und antiquiert erschien.

Herr Wahrendorf: Immer korrekt gekleidet, ob im Unterricht, im Fasching oder beim Sportfest!

Selbst beim Sportfest kam er zur Aufsicht wie aus dem Ei gepellt. Dem „Ereignis“ angemessen, trug er jedoch hier einen feschen Trachtenjanker. Ich werde im Nachhinein den Eindruck nicht los, dass da eine „Mama“ oder eine einflussreiche „Tante“ dahintersteckte, die ihren „Buben“ nach ihrem etwas exaltierten Geschmack einkleidete. Seine eigene Frau konnte es nicht gewesen sein, weil er damals und lange Zeit danach, bis er dann spät, aber doch noch heiratete, als eingefleischter Junggeselle galt.

Warum „Erich Wahrendorf“, wie er eigentlich hieß, den Spitznamen „Johnny“ von uns Schülern erhielt, weiß ich nicht. Er hieß einfach bei uns „Johnny“ und dies in allen Klassen und zu allen Zeiten seiner Tätigkeit am Simbacher Gymnasium, wo er bis zur Pensionierung blieb und noch heute im hohen Alter seinen Ruhestand verbringt.

Herr Wahrendorf war und ist eine blitzgescheite und umfassend gebildete Persönlichkeit, mit der er, wenn man so will, zu den intellektuellsten Köpfen im damaligen Lehrerkollegium zählte. Er veröffentlichte im Laufe seines Lebens eine ganze Reihe von sehr anspruchsvollen Büchern, unter anderem auch eine Chronik des Tassilo-Gymnasiums von 1948 bis 1988, die mir bei meiner Arbeit wertvolle Dienste leistete. In Jahrzehnte langer Arbeit hat er als deren ehrenamtlicher Vorsitzender den Erfolg der Simbacher Volkshochschule ganz entscheidend geprägt und sich damit in Simbach einen Namen gemacht.

In der Schule erlebte man ihn aber ganz anders. Meine Klasse hatte Herrn Wahrendorf, also den „Johnny", wir wir ihn ausnamslos unter uns nannten, immer wieder im Laufe unserer Gymnasialzeit in Erdkunde und Geschichte, nie aber in Deutsch.

Meine Klasse mit Herrn Wahrendorf in der 10. Jahrgangsstufe

Er kam zu jeder Unterrichtsstunde mit weit ausgreifenden Wiegeschritten, die wohl auch eine Art Würde und Entschlossenheit ausstrahlen sollten, mit einer schwer bepackten Aktentasche, manchmal auch noch einen Globus oder eine Landkarte in der zweiten Hand

haltend, in die Klasse. Er war immer sehr pünktlich und strahlte eigentlich meistens Ausgeglichenheit aus, worüber man sich wundern musste, wenn man an die letzte Stunde bei ihm dachte. Dieser Gleichmut änderte sich allerdings alsbald, wenn ihm unser ständiges Ratschen und unsere Unaufmerksamkeit zu viel wurden. Dann rief er zuerst noch gutmütig: „Ruhe jetzt! Newa!“ Dann jedoch bald schon barscher, „Ruhe jetzt!! Newa!! Leute seids doch vernünftig, Newa!!!“ Das „Newa!!“ brüllte er schon fast. Nach kurzem Innehalten schwoll der Lärmpegel in der Klasse aber schnell wieder an. „Johnny“ hatte sich wohl im Laufe der Jahre an diese Lärmkulisse gewöhnt oder gewöhnen müssen, weswegen er wohl beschlossen hatte, den Lärm mit seiner Gott sei Dank sehr kräftigen Stimme zu übertönen. Hierbei ging er dozierend, mit der rechten Hand gestikulierend seinen Vortrag unterstreichend, zwischen den Bankreihen auf und ab. Immer drei Schritte vor und drei Schritte zurück. Wurde es ihm aber wieder zu bunt, rief oder schrie er jetzt schon erbost: „Leute, Ruhe jetzt!!!“
Trotzdem kam er in die nächste Unterrichtsstunde wieder wie gewohnt, ruhig und Wohlwollen ausstrahlend, wie wenn nichts gewesen wäre. Es ist bewundernswert, wie er dies Tag für Tag und Jahr für Jahr ausgehalten und überstanden hat.

Ein Grund, warum es ihm nur schwer gelang, in seinem Unterricht Disziplin und Aufmerksamkeit zu erreichen, war m.E. seine an sich für einen Pädagogen sehr positive Angewohnheit, seine Schüler ernst zu nehmen und auf ihre Fragen einzugehen. Dabei erkannte er jedoch häufig nicht, dass wir Schüler, die wir manchmal auch schon richtige „Deiferl“ sein konnten, ihn nur verschaukeln wollten.

Wie gesagt, ging er auf jede Schülerfrage ernsthaft ein. So auch einmal auf die Frage eines Schülers in der Abiturklasse, die auf sein noch immer währendes Junggesellendasein anspielte: „Herr Professor!“, rief mein Banknachbar scheinheilig in „Johnnys“ Vortrag hinein: „Sie heiraten doch nächste Woche!“
„Johnnys Lippen umspielte ein leicht amüsiertes Lächeln, als er meinte: „Das müsste ich aber auch wissen! Wo ham Sie denn diesen

Blödsinn her!?“ „Im Standesamt haben wir Ihr Aufgebot gelesen!“, behauptete der Schüler einfach ins Blaue hinein. „So ein Schmarrn!“, konterte „Johnny“. „Zur Hochzeit ladens uns aber schon ein!?“, fragten nun einige aus der Klasse ungeniert und unbeeindruckt. „Johnny“ versuchte wohl aus dieser Nummer wieder „heil“ herauszukommen, indem er sagte: “Mit der Hochzeit ist da nix! Aber, wenn ihr bis zum Abitur sehr ruhig und aufmerksam seid, gute Noten bei mir schreibt, lade ich euch alle nach dem Abitur in meinen Partykeller ein!“ „Nur in den Keller!?“, maulten einige von uns, Enttäuschung vorspielend. Aber „Johnny“ wollte wohl von Anfang an klare Verhältnisse schaffen und rief: „Aber, Herrschaften, in mein Schlafzimmer kommt mir keiner rein!“ Johlen, Gelächter und Bravo-Rufe belohnten ihn für sein großzügiges Angebot, das er nach dem Abitur tatsächlich auch einhielt.

In der 9. Klasse hatte ich einen Banknachbarn aus dem benachbarten Braunau. Er war uns aufgrund zweimaligen Durchfallens am Braunauer Gymnasium um ca. zwei Jahre an Alter voraus und hieß Karl. Zuhause in Braunau wurde er „Kaarli“ oder auch „Koal“ gerufen. Ich nannte ihn „Karli“.
Für die Schule interessierte er sich weniger, wohl aber für den Sport. Deshalb trainierte er in seiner Freizeit sehr intensiv und hatte es schon zu sehr beeindruckenden „Muckis“ gebracht. Natürlich hatte er da wenig Zeit für die Schule und für Hausaufgaben.
Eines Tages hatte „Karli“ wieder einmal „vergessen“, seine „Englischhausi“ zu machen, da sein Tagesplan mit sportlichem Training bereits ausgebucht war. Wieder einmal dozierte „Johnny“ immer auf und ab gehend über „irgendwas“. Da sah „Karli“ seine Stunde gekommen. Da eine unserer Mitschülerin bekanntermaßen immer sehr fleißig und gut ihre Hausaufgaben in Englisch erledigte, ließ er ihr per „Flüstertelefon“ ausrichten, sie solle ihm ihre Englischhausaufgabe zum Abschreiben überlassen. Als sich diese jedoch zierte, ihn aus ihrem Heft abschreiben zu lassen, verschärfte „Karli“ den Ton seiner Bitte, indem er ihr laut zurief: „Hei, reiß´s Heftl hea, sunst brack i dia ane!“ „Johnny“ rief nur „Herrschaftsseiten, was ist denn da schon wieder los, newa!!“, und dozierte mit erhöhter Lautstärke

weiter. „Karlis" verschärfter Ton" hatte Wirkung gezeigt. Das „Heftl" wurde zu „Karli" durchgereicht und „Karli" konnte seelenruhig abschreiben und in der Englischstunde mit einer Superhausaufgabe „prunken".

Wie schon erwähnt, hatte „Karli" tolle „Muckis" aufzuweisen, die er auch gerne und stolz spielen ließ. Auch seine Bauchmuskulatur, die bei Anspannung hart wie ein Brett war, stellte er gerne unter Beweis. Deshalb animierte er mich, ihm unter der Bank mit der Faust an seinen „Waschbrettbauch" zu schlagen, aber natürlich nicht all zu oft und all zu stark. Dass ich dabei wie an ein Brett schlug, erfüllte Karli mit großer Genugtuung und er quittierte dies immer mit einem breiten, überlegenen Grinsen. Einmal, als Johnny neben mir mit lauter Stimme dozierend auf und ab ging, machte ich mir einen Spaß daraus, immer wieder unter der Bank relativ leicht gegen Karlis „Waschbrettbauch" zu schlagen, was diesem durchaus gefiel. Um ihm jedoch seine Grenzen aufzuzeigen und auch einfach nur zur Gaudi, schlug ich ihm ohne Ankündigung plötzlich dreimal mit größter Kraft an seinen Bauch, so dass er dies, weil er nicht darauf gefasst war, nicht mehr mit seinen Muskeln abwehren konnte und es ihn wohl auch schmerzte. Da ich mit diesen starken Schlägen nicht aufhörte, rief er laut: „So Reiti, jetzt is´s Fassl owa voi!", und gab mir einen solchen „Renner", dass ich vom Stuhl direkt vor die Füße „Johnnys" fiel, der dies mit dem Anraunzer, „Ja, was ist denn jetzt schon wieder los, Reitmajer! Herrschaftsseiten!! Newa!!" quittierte.

Ein anderes Mal in einer Geschichtsstunde beim „Johnny", diesmal bereits im Jahr unseres Abiturs 1968, kam es zu folgendem, amüsanten Schlagabtausch: Der eine „Protagonist" war „Johnny", der andere ein Schüler, mein später noch zu erwähnender Freund „Wulfus", dessen Eltern sich von Kriegsflüchtlingen in zwei Jahrzehnten zu sehr wohlhabenden Geschäftsleuten hochgearbeitet hatten.

„Wulfus" lebte während der Schulzeit nicht bei seinen Eltern in Waldkraiburg, sondern bewohnte in der Oberstufe in Simbach ein „Stübchen bei Witwe Bolte", wie er gerne etwas flapsig zu sagen

pflegte. Denn reden und damit beeindrucken, das konnte er aus dem „FF“.
Diese „rhetorische Naturbegabung“ und wohl auch noch andere Fähigkeiten hatten auch eine enorme Wirkung auf Frauen. Und so kam es, dass ihm seine bereits berufstätige Freundin jeden Morgen, bevor sie ins Büro ging, belegte Brötchen mit Kakao in einer Tüte zum Frühstück auf sein „Stübchen“ brachte. Mit dieser Stärkung im Gepäck, zum Frühstücken hatte er ja keine Zeit mehr, stahl er sich fast unbemerkt ins Klassenzimmer, um dort in Ruhe sein Morgenbrot zu verzehren. Er hatte zum Schuljahresbeginn seinen Platz so nahe an der Klassentür gewählt, dass er mit etwas Glück vom Lehrer unbemerkt, da er durch einen Türspalt beobachtete, wann sich dieser umdrehte, um z.B. etwas an die Tafel zu schreiben, das Klassenzimmer betreten konnte. Auf diese Weise wieder einmal etwas verspätet in das Klassenzimmer gekommen, rief er dem gerade unterrichtenden „Johnny“ frech zu: „Herr Professor! Sie sind mir vielleicht einer! Sich nachts mit fremden Weibern in der Stadt herumzutreiben!“ Wulfus hatte am Abend zuvor, als er mit seiner eben erwähnten Freundin eng umschlungen unterwegs war, gesehen, dass Herr Wahrendorf auch mit einer Frau durch die Stadt flanierte. Herrn Wahrendorfs Mundwinkel konnten seine Verärgerung ob dieser Frechheit, aber auch sein Amüsement über diese Dreistigkeit kaum verbergen, als er konterte: „Mein Lieber! Wer selbst im Glashaus sitzt, soll nicht mit Steinen werfen! Newa!! Und jetzt wieder zurück zum Dreißigjährigen Krieg!“

Herr Wahrendorf hat in späteren Jahren doch noch geheiratet und verbringt mit seiner lieben Frau den wohlverdienten Ruhestand in Simbach, trotz mittlerweile hohen Alters, an allem Zeitgeschehen und vor allem an der Philosophie, seinem lebenslangen Steckenpferd, sehr interessiert, worüber er auch noch immer sehr geistreiche Bücher schreibt.

„Wulfus“ heiratete Jahre später tatsächlich seine „Brötchenbringerin“. Leider Gottes fiel er bereits mit 59 Jahren einem Herzinfarkt zum Opfer.

Während seiner Schulzeit am Simbacher Gymnasium besaß er aber nicht nur ein schönes Auto, um das ihn vielleicht so mancher Lehrer damals beneidete, sondern auch noch ein Flugzeug, eine einmotorige, viersitzige „Cessna“.

So wenig er sich auf seine „gymnasialen Studien“ konzentrierte, so immens war sein Fleiß und Ehrgeiz, als es darum ging, die Pilotenscheinprüfung zu bestehen, was ihm auch mit Bravour gelang. Von da an lud er so manchen Lehrer, aber auch seine Freunde zu Rundflügen über Kirchdorf, wo das Flugzeug stationiert war, und auch über Simbach gerne ein.

Im Abiturjahr, am Neujahrstag 1968 durften ich mit einer gemeinsamen Freundin und einem Freund unseren „Jungfernflug“ bei „Wulfus“ absolvieren. Keiner von uns war vorher jemals geflogen. Wir starteten auf der Graspiste des Flugplatzes in Kirchdorf und hoben schon bald vom Boden ab.

Wir hatten ungefähr Kirchturm-höhe erreicht, als der Motor zu stottern begann und keine Leistung mehr brachte. Wir verloren rasch an Höhe. Als wir auf die Umzäunung einer Baumschule von ungefähr 1,5 m Höhe zurasten, riss „Wulfus“ das Flugzeug geistesgegenwärtig nochmal hoch und wir landeten äußerst „unsanft“ in einem Acker. Der Holzzaun hatte das Heck zum Teil weggerissen und das Flugzeug hatte Totalschaden. Wir vier Insassen blieben jedoch, von einem fürchterlichen Schrecken mal abgesehen, unverletzt und kamen damit, Gott und „Wulfus“ sei Dank, äußerst glimpflich davon.

Allerdings steckte uns der Schreck noch lange in den Gliedern! Ich brauchte einige Jahre, bis ich mich wieder in ein Flugzeug setzte.

Flugzeugabsturz in Kirchdorf/Inn am Neujahrstag 1968

Bio und Chemie beim „Yogi-Bär"

Herr Beer, wie „Yogi-Bär" mit seinem Familiennamen hieß, war viele Jahre unser Bio- und Chemielehrer. Er war nicht besonders groß, etwas stämmig, aber keinesfalls dick und hatte einen rundlichen Kopf mit einer dicken Hornbrille, durch die er seine Schüler meist gutmütig anschaute. Bei ihm weiß ich, wie er zu seinem Spitznamen kam. Zu dieser Zeit lief im Fernsehvorabendprogramm eine Serie mit einem „Bären-Clown", der eine etwas quäkende, stark nasalierende Stimme und Aussprache hatte. Da wir meinten, dass auch Herr Beer so ähnlich sprechen würde, "tauften" wir ihn „Yogi-Bär" und hatten unsere große Freude daran, unter uns seine Aussprache mit zugedrückter Nase und natürlich stark übertrieben nachzumachen. Das machte uns großen Spaß und wir brauchten damals, wie Jugendliche heute auch, nicht viel, um darüber in ein unstillbares Gelächter zu verfallen. Oft verbrachten wir ganze Unterhaltungen in dieser Sprechweise und kugelten uns darüber vor Lachen.

In der Regel herrschte in seinen Unterrichtsstunden schon eine akzeptable Arbeitsatmosphäre, aus der jedoch einige, vor allem in der Pubertätsphase am Ende der Mittelstufe, ausscherten. Einen, der häufig mit seinem Mitschüler vor ihm, hinter ihm oder neben ihm ungeniert laut schwätzte und somit erheblich den Unterricht störte, hatte „Yogi-Bär“ schon lange im Visier. Als es dieser Schüler einmal zu bunt trieb, machte „Yogi-Bär“ eine klare „Ansage“, wie Jugendliche wohl heute sagen würden. Er schrie diesen Schüler mit ausgestrecktem Zeigefinger und voller Empörung an und zeigte hierbei in Richtung „Weißbräu mit eigener Metzgerei“: „Merklinger!“, schrie „Yogi-Bär“ - „Kannst rüber zum Weißbräu gehen und Metzger werden!“ Er dachte, dass er damit die Zukunft des jungen Mannes so finster schildern würde, wie er es sich nur vorstellen konnte.

Herr Beer, „Yogi-Bär“ genannt, beobachtet als Biologe hier wohl die Vögel in der Luft.

Merklinger ist tatsächlich nach der 9. oder 10. Jahrgangsstufe ohne Mittlere Reife vom Gymnasium abgegangen. Ob er den Rat seines Biologielehrers befolgt hat, weiß ich nicht. Es wäre aber vielleicht für ihn nicht das Schlechteste gewesen. Denn, wenn ich die selbständigen Metzger und deren Betriebe in meiner unmittelbaren Umgebung betrachte, so überflügeln die meisten, gemessen an Einkommen und Besitz sowieso, aber auch an Bekanntheit, Einfluss und Ansehen in ihren jeweiligen Gemeinden die meisten Akademiker, falls es sich nicht gerade um z. B. Zahn- und Röntgenärzte, Notare oder IT-Manager handelt. Wie sich Pädagogen damals wie heute in den Zukunftsprognosen für ihre Schüler doch auch täuschen können!!

Herr Beer experimentierte im Chemieunterricht öfters und auch gerne, weil er wohl meinte, damit vor seinen Schülern „Eindruck zu schinden" und sie auch damit noch besser „bei der Stange" halten zu können. Leider gelangen aber seine Experimente nicht immer, was er jedoch offensichtlich im Hinblick auf die pädagogischen Vorteile in Kauf nahm. Wenn wieder einmal bei seinem Experiment das Gegenteil von dem herauskam, was im Lehrbuch stand, dann lautete seine Hausaufgabenstellung: „Chemielehrbuch S. 17 bis 21 studieren, aber umgekehrt!"

Er gab in seinem Unterricht auch gerne, wohl als eine Art Sanitäts- oder Erziehungsschnellkurs gedacht, sehr lebenspraktische Ratschläge, mit eigenen Erlebnissen gewürzt, zum Besten. Einmal gab er uns den Rat, kleine Kinder nie am Kopf hoch zu heben, weil die dann „blöd" werden würden, wie er sich ausdrückte. Um seinen Rat lebenspraktisch zu untermauern, legte er noch nach: „Ich weiß das! Mein Bruder hat mich auch ´mal am Kopf hochgehoben." Brüllendes Gelächter von uns. Nach einer Schrecksekunde musste er dann selbst über sein „Bonmot" lachen.

Im Jahre 1967 besuchten wir einen Fortbildungslehrgang für Mitglieder der Schülermitverwaltung und Vertrauenslehrer im Kloster Niederaltaich an der Donau. Neben mir als Schulsprecher waren noch Rudi, mein Stellvertreter, und „Yogi-Bär" als Vertrauenslehrer dabei. Natürlich fuhren wir mit dem Zug, respektive mit dem damals schon eingesetzten, vor sich hin brummelnden, roten Schienenbus Richtung Passau, um dort nach Niederaltaich umzusteigen. War es Zufall oder von Rudi geschickt eingefädelt? Wir saßen in einem Raucherabteil. Es dauerte nicht lange und Rudi druckste heraus: "Herr Professor, dürfen wir eine Zigarette rauchen?" „Yogi-Bär" überlegte kurz, schmunzelte etwas und sagte lachend: „Ja, wennst ma oane gibst!“ So viel Witz und Lockerheit hätte ich ihm gar nicht zugetraut. Und somit pafften wir drei unsere Zigaretten bei der Hinfahrt, während der Fortbildung und auf der Heimfahrt mit Lust und Genuss. Wir waren irgendwie für kurze Zeit „Freunde“ geworden. „Yogi-Bärs“ Maxime war im weiteren Schuljahr jedoch: “Dienst ist Dienst und Schnaps ist Schnaps!“ Und nun war für uns wieder „Dienst“ dran!

Reli beim „Don Camillo“

Der von uns kreierte Spitzname „Don Camillo“ passte auf unseren ersten hauptberuflichen Religionslehrer wie die Faust aufs Auge. Er kam 1964 als „geistlicher Studienrat“ für Katholische Religionslehre an das Tassilo-Gymnasium, wo er die bisher nebenberuflich tätigen, bereits beschriebenen Geistlichen der katholischen Kirche Simbachs nach und nach völlig ablöste.

Die Kooperatoren Konrad Schmalhofer und Willi Huber erteilten in den Anfangsjahren nebenamtlich Katholische. Religionslehre an der damaligen Oberrealschule

Er war von Haus aus zwar auch ein katholischer Priester, hatte jedoch, als er zum gymnasialen Schuldienst von seinem Bischof bestimmt worden war oder sich für diese Berufsrichtung freiwillig entschieden hatte, das für alle Gymnasiallehrer vorgeschriebene, zweijährige Referendariat mit 2. Staatsexamen durchlaufen und damit sein neues „Handwerk“ gelernt. Heribert Jaitner hieß der frisch gebackene Studienrat. Er war etwas über 40 Jahre alt, von eher kleiner, schlanker Gestalt, drückte sich mit etwas leiser Stimme meist sehr gewählt aus und versuchte sachlich, sehr differenziert und akademisch zu diskutieren.

Von "Don Camillo“ also keine Spur, eher das Gegenteil dieses vom Film her berühmten, riesigen „Kraftburschen“ im Priestergewand, der seiner Argumentation gerne mit der Faust gegenüber Bürgermeister Peppone Nachdruck verlieh.

Völlig anders Herr Jaitner!

Studienrat Heribert Jaitner diskutiert mit Kooperator Konrad Schmalhofer

Herr Jaitner trug natürlich keine schwarze Soutane wie „Don Camillo“, jedoch immer einen schwarzen Anzug wie damals noch alle katholischen Priester. Er ließ aber den zu dieser Zeit meist noch üblichen „römischen Priesterstehkragen“ zugunsten einer schwarzen Krawatte mit weißem Hemd weg. Er und eigentlich die meisten damaligen katholischen Geistlichen, die am Puls der Zeit sein wollten, versuchten modern zu sein, denn es war die Zeit des II. Vatikanischen Konzils, das Papst Johannes XXIII. 1963 einberufen hatte und das 1966 von Papst Paul VI. abgeschlossen wurde. Von diesem Konzil erwartete man sich in der katholischen Dogmatik, vor allem aber in der Moraltheologie sehr viel. „Aggiornamento“ (reißt alle Fenster weit auf!) war Slogan und Programm des Papstes, der das Konzil einberufen hatte sowie auch vieler Bischöfe und Konzilsväter, die drei Jahre lang im Petersdom tagten. Alle kirchlich Engagierten, insbesondere aber viele Pfarrer, erwarteten sich vom Konzil sehr viel und hofften, dass die Verkrustung der Katholischen Kirche aufgebrochen werden würde. Der Standardwitz unter katholischen Klerikern war damals: “Suche Pfarrhaushälterin! Bei positivem Ausgang des Konzils Heirat möglich!“

„Don Camillo“ war natürlich auch sehr bemüht, fortschrittlich und modern zu sein, besonders, wenn es z.B. um die Sexualmoral ging. Deshalb kam er der Bitte des Simbacher Pfarramts gerne nach, seine Oberstufenschüler zu einem Vortrag zum Thema „Geschlechtsverkehr vor der Ehe“ einzuladen, den der damalige Dekan, Stadtpfarrer und spätere Prälat Weinzierl im Kolpingsaal angekündigt hatte.

Stadtpfarrer Weinzierl, der vor Herrn Jaitner auch am Tassilo-Gynmnasium nebenamtlich Religionsunterricht erteilt hatte, war eine äußerst interessante Erscheinung. Klein und rund von Gestalt, sprühte er vor geistlicher Kraft und Esprit. Er empfand sich, wie er sich aus seiner Zeit als „Diözesan-Missionsprediger“ selber gerne bezeichnete, als das „flammende Schwert Gottes“ in seinen Predigten.

Stadtpfarrer und Prälat Rupert Weinzierl

Einmal, an einem bitterkalten Allerseelentag am 1. November auf dem Simbacher Friedhof, begann er seine Predigt im Freien vor den frierenden Zuhörern so: „Es ist kalt!!“ Jeder glaubte, nun würde er es kurz machen. Er aber fuhr fort: „Aber, ich will euch mit meinen Worten warm machen!“ Hierbei wie auch sonst gerne bei seinen Predigten steigerte er sich so hinein, dass seine Stimme vor Begeisterung oftmals „umschnackelte“ und er im Stakkato-Stil einzelne Wörter hervorstieß wie z. B. „Licht“, „Freude“,“Himmel“!!

Nicht minder lebendig und emotional waren seine Vorträge.

Bisher wurde von der Kath. Kirche beim Thema Sexualität und insbesondere beim vorehelichen Geschlechtsverkehr ganz „klare Kante“ gefahren. Vor der Ehe war er Sünde, vielleicht sogar eine Todsünde. Stadtpfarrer Weinzierl wusste natürlich um diese harte Haltung der Kirche, wollte jedoch dazwischen einen schmalen, in seinen Augen aber modernen und gangbaren Pfad aufzeigen. Diesen demonstrierte er in seinem Vortrag anhand eines konkreten Beispiels aus der Praxis, wie wenigstens er sie sich vorstellte, indem er ausführte:

„Wenn z. B. ein verlobtes Paar, das in wenigen Wochen heiraten wird, das sein Aufgebot schon bestellt hat und den Hochzeitstermin in der Kirche mit dem Pfarrer bereits fest vereinbart hat, seine künftige Wohnung für den baldigen Einzug gemeinsam herrichtet und im Eifer des gemeinsamen Arbeitens übersieht, dass es schon so spät geworden ist, dass kein Zug oder Bus mehr fährt und sie auch kein Auto oder Fahrrad dabei haben, wenn dieses Paar dann im bereits eingerichteten Schlafzimmer übernachten muss und es dann zum Geschlechtsverkehr kommt, dann kann man wohl nicht mehr ganz sicher von einer schweren Sünde sprechen."

Na, dann „Prost", dachten sich dabei wohl viele von uns, die sich diesen Vortrag anhörten. Vor allem wohl die Mädchen in der Oberstufe, von denen bereits viele mit fast 20 Jahren wohl diese „Ersterfahrungen" schon hinter sich hatten und dies ohne Verlobung mit festem Eheversprechen, amüsierten sich über den „probaten" Pfad des Stadtpfarrers wohl sehr. Wie Studienrat Jaitner diese Ausführungen des Stadtpfarrers bewertete, weiß ich nicht. Er kam nie darauf zu sprechen.

Im Religionsunterricht gab Herr Jaitner immer sein Bestes und war mit ganzem Herzen engagiert, wenn es galt, Schülerfragen zu beantworten. Allerdings kam doch hie und da sein „Pfarrertum" zum Vorschein, wenn er z.B. mit ausgebreiteten Armen, wie beim Gottesdienst in der Kirche, in einen etwas pathetischen oder salbungsvollen Predigerton verfiel. Dieses intensive Wollen und Bemühen, seine Aufgabe als priesterlicher Religionslehrer voll und ganz zu erfüllen, konnte man auch daran erkennen, wie er beim Schulgottesdienst an den großen Festen wie Weihnachten, Ostern oder Pfingsten, den er für die Schüler immer sehr feierlich gestaltete, die Wandlungsworte besonders überdeutlich akzentuiert aussprach. Das klang so, als wollte er die Wandlung des Brotes in „Christi Leib und Blut" mit besonderer Intensität betreiben. Obwohl er natürlich über meinen Berufswunsch voll im Bilde war, versuchte er mich in keinster Weise zu beeinflussen oder gar zu bevorzugen. Es war höchstens zwischen uns eine unausgesprochene Übereinstimmung, auf derselben Seite zu stehen. Aufgrund dieses guten Verhältnisses zwischen uns beiden kamen mein Freund „Wulfus“ und ich am Vorabend unseres Deutsch-Abiturs auf die Idee, „Don Camillo“ einen Besuch mit der Bitte um geistlichen Beistand abzustatten. Gesagt, getan!! Mein Abiturkollege hatte als Schüler nicht nur, wie schon erwähnt, ein Sportflugzeug, sondern auch ein schönes Auto, nämlich das neue Renault-Modell R16 mit damals topmodischem Fließheck zur Verfügung. In wenigen Minuten brausten wir damit von Julbach nach Simbach, wo „Don Camillo“ in der Stadtmitte in einem Haus, das der kath. Kirche gehörte, eine Wohnung hatte. Wir klingelten und bald öffnete uns eine bereits um Jahrzehnte dem sog. „kanonischen Alter“[7] entwachsene, jedoch sehr freundliche Haushälterin die Wohnungstüre. Als wir höflich nach Herrn Professor Jaitner fragten, rief sie in die Wohnung zurück: „Herr Professor! Besuch ist für Sie da!“ Herr Jaitner erschien bald selbst an der Tür, wo wir ihm den Grund unseres Besuches erklärten. Wir sagten ihm, dass wir ziemlich nervös seien und ihn deshalb für unsere morgige Abiturprüfung um eine „pastorale“ Stärkung und „geistliche“ Ermutigung bitten möchten. Herr Jaitner bat uns sehr freundlich in die Wohnung und führte uns ins Wohnzimmer, wohin er die Haushälterin bat, Wein und Zigarren zu kredenzen. Er war nämlich, außerhalb der Fastenzeit, in der er davon abstinent war, ein begeisterter und genüsslicher Zigarrenraucher. Auch einen edlen Tropfen verschmähte er außerhalb der Abstinenzwochen nicht. Er bat uns Platz zu nehmen und bot uns Wein und Zigarren an.

Wir ließen uns dies nicht zweimal sagen, griffen beherzt zu und schmauchten zusammen mit „Don Camillo“, er hatte sich auch eine genehmigt, genüsslich die Zigarren, pafften den Rauch in die Luft, so dass schon bald das Wohnzimmer ziemlich eingenebelt war.
Da wir auch recht freimütig dem Wein zusprachen, merkte man unserem Religionslehrer nach einiger Zeit an, dass er sich allmählich Gedanken machte, für seine Schüler das Richtige getan zu haben, da

[7] Für Haushälterinnen kath. Geistlicher galt damals die Regel, dass sie mindestens 40 Jahre, aber lieber noch älter sein sollten, damit von Ihnen keine Gefahr einer sexuellen Verführung ausgehen könne. Dieses „Alter“ nennt man unter Klerikern das sog. „Kanonische Alter“.

diese doch am nächsten Tag Deutsch-Abitur schreiben sollten. Als wir aber merkten, dass „Don Camillo“ immer nervöser werdend auf dem Sofa herumrutschte, machten wir mit vielen Dankesworten für den „geistlichen Beistand“, den Wein und die Zigarren unseren „Abgang“. Ich hatte am nächsten Tag bei meinem Abituraufsatz offenbar ein „gutes Händchen“ und erhielt eine gute Benotung. Ob da „Don Camillos himmlische Beziehungen“ eine Rolle gespielt hatten? Wer weiß??

Herr Jaitner blieb bis zu seiner Pensionierung am Tassilo-Gymnasium tätig und wohnte auch bis zu seinem Tod in Simbach. Vom ehemaligen „Kooperator“ und jetzigen Geistlichen Rat i. R. Konrad Schmalhofer, der mir ein Sterbebild von Herrn Heribert Jaitner zuschickte, als dieser im hohen Alter von weit über 80 Jahren gestorben war, und einem noch mitgesandten Zeitungsartikel weiß ich, dass er zum „Studiendirektor“ ernannt und vom Papst zum „Monsignore“ berufen worden war. Beides war sicher für ihn eine große Ehre und eine schöne Anerkennung für seinen engagierten Dienst als Religionslehrer wie auch als Priester.

Mathe und Physik beim „Trämp“

„Trämp“, wie wir ihn mit respektvoller Coolness nannten, hieß im normalen Leben „Hubertus Traup“. Ich habe ihn ja bereits wegen der „Matchsack-Geschichte“ als „Arrestant“ in der ersten Klasse näher kennen lernen dürfen, trug ihm das aber in keiner Weise nach. Er mir übrigens auch nicht! Denn Herr Traup war nicht nur ein geduldiger und verständiger Mathe- und Physiklehrer, sondern auch ein prima Mensch.

Er war keinesfalls ein „kumpelhafter“, aber immer ein wohlgesonnener und wohlwollender Lehrer, der eigentlich fast immer sachlich und ruhig blieb, selbst dann, wenn wir ihn in Mathe manchmal mit unseren nicht allzu intelligenten Fragen löcherten und wohl auch nervten.

Herr Traup sucht gerade im Notenbücherl, wen er zu Stundenbeginn „ausfragen" wird.

Herr Traup voll konzentriert und mit Bart

Ich, der ich wahrlich keine „Größe" in Mathematik war, fühlte mich im Unterricht von ihm irgendwie an der Hand genommen und durch die für mich oft dunkelsten „Täler der Mathematik" geführt. Dieses Vertrauen rührte wohl daher, dass Herr Traup von der ersten Jahrgangsstufe an bis zum Abitur immer unser Mathe-, später auch unser Physiklehrer war. Er kannte deshalb unsere Schwächen und Stärken in Mathematik und wir waren davon überzeugt, dass er uns, immer logisch aufbauend und geduldig, zum „mathematischen Ziel" führen würde. „Wir wärden das Schwein schon däten!", war sein Mutmacher zu Beginn einer schwierigen, an der Tafel von ihm „vorexerzierten" mathematischen Aufgabe.

Natürlich konnte er, aber ganz selten, auch mal „fuchtig" und energisch werden. Oder er schrieb auch schon einmal ins Heft bzw. in das korrigierte Schulaufgabenblatt „Schmarrn", aber dann auch wieder aus Jux die einzelnen Buchstaben am Blattrand untereinander schreibend, so dass so mancher Schüler, ich auch einmal, erst beim zweiten Mal Lesen merkte, was die vermeintlichen Korrekturzeichen am Blattrand „S“, „C“,“H“, „M“, „A“ , „R“, „R“, „N“ in Wirklichkeit bedeuteten.

Im Grunde, wie ich erst jetzt bei meinen Recherchen in den damaligen Jahresberichten, ersehen konnte, war er in meinen gymnasialen Anfangsjahren noch recht jung, so um die Dreißig schätze ich. Aber dennoch war er für mich eine Autorität und Reife ausstrahlende Persönlichkeit. Fast immer bekleidet mit seinem weißen Physikermantel, trug er öfters eine etwas modischere Krawatte als seine Kollegen, kam aber auch als einziger Lehrer ab und zu im karierten Hemd mit offenem Kragen in den Unterricht, was damals durchaus auffiel.

Was ihn in meinen Augen besonders auszeichnete und mich für ihn einnahm, war seine Offenheit für „nicht-naturwissenschaftliche Fragen“, insbesondere für Religion und Glaube. Dies schloss ich daraus, dass er wie ich häufig die sonntägliche „Spätaufsteher-Messe“ um 11.00 Uhr in der Simbacher Stadtpfarrkirche besuchte und sogar zur Kommunion ging. Und so fragte ich ihn, als ich kurz vor dem Abitur stand, ob er nicht zu einer Diskussionsrunde mit einem Vertreter der mich damals sehr begeisternden charismatischen Glaubensgruppe „Fokularini“ kommen möchte, der gerade in Simbach Station machte. Ich war nämlich in den beiden letzten Gymnasialjahren vor dem Abitur begeisterter Sympathisant der im 2. Weltkrieg in Rom gegründeten „Fokularini-Bewegung“ geworden, bei der das Hauptgebot Jesu, die „Nächstenliebe“, völlig im Mittelpunkt stand. „Den Nächsten an die Wand lieben!“, so dass dieser nicht mehr anders kann, als liebevoll zu reagieren, war der etwas unglücklich formulierte „Slogan“ dieser Bewegung. Diese war uns übrigens von einem Theologiestudenten namens Sepp Hildebrand nahegebracht worden, der drei Jahre zuvor an unserem Gymnasium Abitur gemacht hatte. Im Rahmen seines Praktikums übernahm er in meiner Klasse einige Religionsunterrichtsstunden.

ufgrund ihrer italienischen Herkunft, war bei dieser Bewegung alles etwas „italienisch“ angehaucht. Der Gast dieser Gesprächsrunde, die im Wohnzimmer des bereits erwähnten Kooperators Konrad Schmalhofer stattfand, stammte deshalb auch aus Italien und hieß „Carl Antonio“. Er war der „Capo“, also der Chef der Münchner Niederlassung dieser Bewegung, die sie intern „Fokulare“ nannten. Wie sein Name klang, so sprach Carl Antonio auch: feurig, gestenreich und mit einem lustigen, italienisch verquickten Deutsch, was für einen nüchternen Naturwissenschaftler wohl etwas schwer erträglich sein musste. Herr Traup nahm meine Einladung an und kam zu dieser Gesprächsrunde. Er hörte sich alles aufmerksam an, mischte sich jedoch nicht mit Fragen oder Gesprächsbeiträgen ein. Auch hinterher sprach er mit mir nur wenig über diese Begegnung mit dem fokularinischen Gedankengut, woraus ich ableitete, dass das nicht so seine „religiöse Welt“ war.

Später, einige Jahre nach meinem Abitur, erzählte er mir einmal, als ich ihn und seine Frau in Julbach besuchte, wo er sich inzwischen ein schönes Reihenhaus gekauft hatte, dass er während seines Studiums in München sehr oft Vorlesungen und Predigten des damals höchst angesehenen Priesters und Theologieprofessors „Guardini“ besucht habe, der eine Philosophie und Theologie vertrat, die den jungen Traup sehr begeisterte, die aber eine gänzlich andere Richtung als die der Fokularini verfolgte.

Ich kann mich noch gut daran erinnern, dass Herr Traup, noch immer begeistert, nachmachte, wie Prof. Guardini mit seinen „schönen Händen“, wie Traup sagte, seine Ausführungen gekonnt zu unterstreichen verstand, was seine Zuhörer und auch ihn sehr beeindruckte.

Ein anderes Erlebnis mit dem leider schon früh verstorbenen Herrn Traup macht etwas von seiner hervorragenden, menschlichen und pädagogischen Persönlichkeit deutlich. Mein Klassenkamerad „Wulfus“ und ich hatten am Vorabend unseres Mathe-Abiturs einen „grandiosen“ Einfall: Wir besuchen den „Trämp“, wie vorher schon den „Don Camillo“. Gesagt, getan. Unter dem Vorwand, uns noch im letzten Augenblick wichtige mathematische Formeln zu erklären, läuteten wir an seinem Haus. Herr Traup durchschaute natürlich sofort unser „heuchlerisches“ Begehren, bat uns jedoch herein und lud uns zusammen mit seiner sehr sympathischen Frau zu einer Flasche Wein ein. Er kredenzte uns einen „Eiswein“, der eine besondere Köstlichkeit darstellt und nicht gerade billig ist. Ich hatte so einen Wein noch nie getrunken. Nachdem die Flasche geleert war, hatten wir doch noch so viel „Benimm“, uns rechtzeitig vom „Acker“ zu machen. Und trotz oder gerade wegen des guten Weins am Vorabend, schrieb ich für meine Verhältnisse ein Mathe-Abitur mit sehr befriedigendem Ergebnis.

War der Wein der Grund für diesen Erfolg oder der Mathe-Lehrer? Ich glaube es zu wissen!

Deutsch und Reli beim „Hannes“, dem ehemaligen „Domspatz“

Zu Beginn jedes Schuljahres waren wir wie alle Schüler sicher auch heute noch neugierig, welche Lehrer wir in welchen Fächern bekämen, vor allem aber, wer das Amt des Klassenleiters übernehmen würde.

Da waren wir schon etwas überrascht, als in der 11. Jahrgangsstufe, also zu Beginn des ersten Oberstufenjahres, ein junger, uns gänzlich unbekannter Lehrer vor uns in der Klasse stand und sagte: „Mein Name ist Johannes Brucker, ich bin Ihr neuer Klassenleiter und wir werden in Deutsch und katholischer Religionslehre in diesem Jahr das Vergnügen haben.“

Johannes Brucker, unser Deutsch- und Religionslehrer in der 11. Jahrgangsstufe

Herr Brucker im Fasching als „Band-Sänger“

Ganz im Gegensatz zu unseren bisherigen Lehrern, von denen wir kaum Privates wussten, weil sie uns darüber nichts erzählten, erfuhren wir in kürzester Zeit von „Hannes“, wie wir ihn hinter vorgehaltener Hand gerne nannten, eine ganze Menge.

Herr Brucker wurde 1938, also damals vor ca. 28 Jahren, in Moosburg geboren, verzog jedoch bald mit seinen Eltern nach München. Er besuchte aber nicht dort, sondern in Regensburg das Gymnasium, wo er die ganze Gymnasialzeit Mitglied der berühmten „Regensburger Sängerknaben“ war. Demgemäß war er natürlich musikalisch sehr begabt, spielte ausgezeichnet Orgel und Klavier, wovon wir später im Fasching (vgl. Highlights) eine tolle Kostprobe erleben durften. Natürlich sang er auch sehr gerne, was durchaus dazu führte, dass er mitten im Unterricht eine kleine Kostprobe davon ablieferte.

Ich erinnere mich noch gut, als er uns zunächst erzählte, wie und mit welchen Tanzschritten ein damals sehr berühmter Tenor den Operettensong „Komm mit nach Varasdin, so lange noch die Rosen blühn...“ auf der Bühne gestaltete. Um es uns ganz anschaulich nahe zu bringen, stimmte er kurzerhand selbst diesen Song an und tänzelte, den berühmten Sänger nachahmend, vor der Klasse laut singend durch den Raum. Er liebte alles Musikalische, aber besonders Operetten, Opern und Konzerte sehr! Weil man aber in Simbach diesen „Künsten“ kaum oder gar nicht frönen konnte, besuchte Herr Brucker manchmal in München im Nationaltheater eine Opernaufführung und fuhr, weil es keine Verbindung spätabends mehr gab und er damals noch kein Auto besaß, mit dem ersten Frühzug nach Simbach zurück. Es kam daher vor, weil er keine Zeit zum Umziehen mehr gehabt hatte, dass er zur ersten Schulstunde freudestrahlend und aufgekratzt im Smoking mit weißem Schal erschien.

Er konnte jedoch ansonsten auch sehr begeistern, indem er uns z.B. den mittelalterlichen „Minnesang“ im Deutschunterricht so intensiv, anschaulich und mitreißend vermittelte, dass wir manchmal selbst untereinander „Mittelhochdeutsch“ sprachen und uns dabei vor Lachen ausschütteten. Besonderen Spaß bereitete uns das Aufsagen folgender Verse von einem unbekannten Minnesänger:

„Du bist mîn, ich bin dîn:
des solt du gewis sîn.
Dû bist beslozzen
in mînem Herzen;
verlorn ist das Slüzzelîn:
Dû muost immer drinne sîn.“

Da Herr Brucker innerhalb seiner Referendarausbildung offensichtlich noch eine „Lehrprobe“ abzulegen hatte, wählte er, als diese anstand, die Zeit des Minnesangs als Thema und erschien zur Lehrprobe im Kostüm eines Minnesängers und einer Laute, mit der er einige Minne-Lieder uns und den „hohen Herren“, die hinter uns saßen, zum Besten gab. Ich nehme an, dass dies bei seinen Seminarlehrern gut ankam.

Natürlich bestand eine seiner ersten „Konventions-Änderungen“ darin, ihn als „Herr Brucker“ und nicht mehr als „Herr Professor“ anzusprechen. Das war für uns schon eine kleine Revolution, zumal wir bei allen anderen Lehrern diese Anrede vom Eintritt in das Gymnasium an benützten. Überhaupt gab er sich viel lockerer, unkomplizierter und persönlich zugänglicher als wir es bisher von unseren Lehrern gewohnt waren. So erzählte er uns einmal in der Religionsstunde, dass ein nicht mehr amtierender, aber noch lebender Weihbischof von Regensburg zwei ledige Kinder hätte, was für mich damals schon ein Schlag in mein „Kirchen-Kontor“ war.

Die Epoche des „Sturm und Drang“ verstand er uns im Deutschunterricht auch ganz besonders anschaulich und begeisternd zu vermitteln. Wir lasen Texte dieser Epoche und versuchten, Gedichte aus dieser Zeit entsprechend betont vorzutragen und darüber zu diskutieren, wie z.B. „An Schwager Kronos: Spute dich, Kronos / Fort den rasselnden Trott /...Über Stock und Stein / Rasch ins Leben hinein!...“ von Johann Wolfgang von Goethe. Das ging uns so in Fleisch und Blut über, dass wir uns wiederum, wie beim Mittelhochdeutschen, einzelne Fragmente, wie „Spute dich, Kronos! /“Fort den rasselnden Trott!“/ „Rasch ins Leben hinein!“ gegenseitig zuriefen, egal, ob es gerade besonders passte oder nicht. Eben nur „zur Gaudi“! Besonders „baff“ waren wir aber, als uns Herr Brucker erzählte, dass der ca. 20jährige Goethe mit seinem noch etwas jüngeren Landesfürsten „Karl August“, für den Goethe eigentlich ein geistiger Mentor sein sollte, quasi zur „Volksvermehrung“ von Ortschaft zu Ortschaft im Weimarer Fürstentum ritt, um schöne „Jungfrauen“ zu „beglücken“. Das war natürlich für uns Simbacher „Landdoderln“, wie unsere österreichischen Nachbarn zu Kindern vom Land zu sagen pflegen, starker „Tobak“, den wir aber sehr genossen.

„Hannes“ schaffte es auch, mit dem “Direx“ für unsere 11. Klasse eine „außertourliche“ Studienreise nach Regensburg auszuhandeln.

Dies war durchaus ein bemerkenswerter Erfolg, da es am Tassilo-Gymnasium in der 11. Jahrgangsstufe traditioneller Weise keine Studienreise, wie z.B. in der 12. nach Berlin, gab, und eine Genehmigung Begehrlichkeiten hätte wecken können.

Trotzdem durften wir fahren - und es wurde für uns alle ein sehr informatives und eindrucksvolles Erlebnis, vor allem auch deshalb, weil Herr Brucker Regensburg von seiner Zeit bei den „Domspatzen" alias „Regensburger Sängerknaben" her, wie seine Westentasche kannte, aber auch, weil er umfassend über Baukunst, Stilrichtungen sowie deren geistige, gesellschaftliche, religiöse und epochale Hintergründe Bescheid wusste.

Herr Brucker zeigte uns die schönsten und die interessantesten Sehenswürdigkeiten Regensburgs

So „edel" gestylt ging man 1965
noch als Schüler auf Klassenfahrt

In Regensburg passierte mir ein Fauxpas, den ich bis heute nicht vergessen habe. Wir saßen alle, jeweils zu viert an einem Tisch, in einem etwas „feineren" Weinlokal gegenüber dem Dom. Ich bestellte für unsere Runde eine Flasche Wein mit vier Gläsern. Als der Ober im Smoking mit dem Bestellten zurückkam, die Flasche öffnete, mir das Etikett zeigte und einen kleinen Schluck zum Probieren einschenken wollte, nahm ich ihm die Flasche aus der Hand und meinte gutmütig: „Einschenken tun wir uns schon selbst!" Der zunächst etwas indignierte Ober, fasste sich rasch, bedeutete mir den Sinn dieser „Zeremonie" und ich war einer unvergesslichen Erfahrung reicher.

Wieder zurück in Simbach, erlebten wir in Herrn Brucker einen Lehrer, wie wir ihn noch nie hatten. „Hannes" malte sehr gerne und auch durchaus gekonnt. Seine Bilder waren ausnahmslos mit Ölfarben mit dicken, markanten Pinselstrichen oder mittels Spachteltechnik gefertigt. Da seine „Behausung" nicht sehr groß war und er wohl auch „Bewunderer" suchte, brachte er die so hergestellten Werke gerne

„seiner“ Klasse mit und hängte sie im Klassenzimmer auf. Er malte meist Stillleben mit Blumenarrangements, aber auch mal Portraits von Mädchen aus unserer Klasse oder etwas Abstraktes.

Gegen Ende des Schuljahres kam es schon mal vor, was bei unseren anderen Lehrern auch nicht denkbar gewesen wäre, dass Herr Brucker an manchem heißen Juni- oder Julitag sagte: „Was ist?! Treffen wir uns heute Nachmittag im Schwimmbad?“ Viele von uns folgten der Einladung gerne, weil wir es als etwas ganz Besonderes empfanden, mit unserem Lehrer und Klassleiter baden zu gehen.

Ein Novum für uns!
Wir gehen mit unserem Klassleiter ins Schwimmbad.

Meinem Schulfreund Günter und mir gefiel es sehr, was Brucker tat und wie er unterrichtete, dabei aber dennoch nicht die nötige Distanz zwischen Lehrer und Schüler aufgab. Auch Herrn Brucker waren wir zwei wohl positiv aufgefallen, da er durchaus merken konnte, dass uns seine Unterrichtsgestaltung und sein offenes Verhältnis zu uns Schülern sehr gefiel, obwohl wir das nie direkt und offen ihm gegenüber zum Ausdruck gebracht hatten. Auf jeden Fall - ich bringe es nach über 50 Jahren einfach nicht mehr ganz auf die Reihe, wie es tatsächlich zustande kam - bot „Hannes“ meinem Freund und mir an, mit ihm in den Osterferien eine Woche lang eine Exkursion durch das Altmühltal zu machen, denn er war seit einiger Zeit stolzer Besitzer eines gebrauchten, aber eigenen Autos. Wir waren beide Feuer und Flamme über die Aussicht, mit unserem Klassenleiter so eine Reise unternehmen zu dürfen, zumal zumindest ich bis dahin aus dem Inn- und Rottal noch nicht oft herausgekommen war. Das sollte aber nicht nur eine Art „Lustfahrt ins Grüne“ werden, sondern „Hannes“ hatte uns beiden frühzeitig Material in die Hand gedrückt, mit dem wir uns auf kleine Kurzreferate über die jeweils von ihm festgelegten Sehenswürdigkeiten vorbereiten sollten. Da wurde von uns z.B. Kloster Weltenburg und der dortige Donaudurchbruch besucht. Auch Ingolstadt, Eichstätt, Beilngries, Burg Prunn, Rothenburg ob der Tauber mit jeweils bewundernswerten Kunstschätzen standen auf unserem Plan. Wenn wir an einer zu besichtigenden Kirche, Stadt oder einer sonstigen Sehenswürdigkeit angekommen waren, musste jeweils einer von uns, auch „Hannes“, kurz das Wichtigste in einem kleinen Referat vortragen: „Jetzt ist der „Reiti“ dran und dann der „Wagi“, legte „Hannes“ die Reihenfolge fest. Auf dieser Reise erfolgte aber keinerlei Verbrüderung zwischen Lehrer und Schülern, was insbesondere durch das gegenseitige „Sie“, das Herr Brucker in dieser Zeit mit uns nie aufgab, zum Ausdruck kam. Er bot uns erst das „Du“ an, als er uns nicht mehr unterrichtete und wir unser Abitur in der Tasche hatten.

Mir hat diese Reise so gut gefallen und ich habe dabei über Bayerns Kirchen, Klöster, Städte sowie deren Baustile und Epochen so viel gelernt, dass ich fünf Jahre später mit meiner damaligen Freundin und heutigen Ehefrau diese Reise nochmal machte und dabei mit meinem bei Herrn Brucker erworbenen Wissen etwas „prunkte“, denn wir waren damals noch in unserer „Werbephase", in der man nur sein Bestes gibt.

Herr Brucker, Günter und ich haben ein Jahr später, als er bereits an einem Rosenheimer Gymnasium unterrichtete, nochmal eine Reise dieser Art nach Kärnten, Südtirol und Innsbruck gemacht. Auch sie war wunderbar und ich habe davon sehr viel profitiert! Wenn ich heute darüber nachdenke, frage ich mich oft, warum Herr Brucker mit uns diese Reisen gemacht hatte? Bei der ersten Reise hatte er keine Freundin, bei der zweiten aber schon, die nun schon seit Jahrzehnten seine Ehefrau ist. Also kann es auch nicht der Grund gewesen sein, keine Freundin zu haben, zumal wir die zweite Tour ohne sie machten. Spekulieren hilft da wohl auch nicht viel weiter. Er hat es einfach so gemacht und zwei Schülern eine riesige Freude und ein wertvolles Geschenk auf ihrem Bildungsweg gemacht. Dafür bin ich ihm heute noch dankbar, weil er mir, so wie „Fiffi" in der Musik, Räume erschlossen hat, die ich ohne Lehrer wie ihn nie betreten hätte dürfen.

Deutsch-Abitur beim „Mephisto" alias Rainer Krieger

Nach der Versetzung von Herrn Brucker am Ende des Schuljahres 1965/66 nach Rosenheim war klar, dass wir einen neuen Deutschlehrer bekommen würden, worüber viele von uns traurig waren, da so gut wie allen die neue Art des Unterrichtens und des offenen sowie empathischen Verhältnisses zwischen Schülern und Lehrer sehr gefallen und imponiert hatte. Wer würde wohl der „Neue" sein?! Wir sollten es bald erfahren!

Die Klassenzimmertüre flog auf und herein stürmte ein junger, etwa 25-jähriger Mann, der seine schon etwas abgewetzte Ledermappe, die im krassen Gegensatz zu seinem modisch gestylten „Aufzug" stand, lässig auf den Katheder warf, sich auf dem Absatz umdrehend und etwas forsch grinsend sagte: „Mein Name ist Rainer Krieger, wir werden uns die nächsten zwei Jahre mit voller Kraft auf Ihr Deutsch-

Abitur vorbereiten. Und, des ´wissens fei scho´, was bisher eine Eins war, wird bei mir künftig maximal eine Zwei sein!"

Unser Deutschlehrer und Klassleiter Rainer Krieger.

Das war also Kriegers erster Auftritt. Und der war deshalb so forsch, wie wir von ihm nach dem Abitur erfuhren, weil er wusste, wie beliebt Herr Brucker bei uns war und er wähnte, dass sich dies auch im positiven Sinn auf die Benotung ausgewirkt hätte. Einer zu milden Benotung wollte er aber von Anfang an einen Riegel vorschieben. Wohl um etwas „Dampf aus dem Kessel" zu nehmen, fuhr er fort, dass wir auch zu ihm nicht „Herr Professor" sagen müssten, sondern nur „Herr Krieger", was voll und ganz genüge. Zur Unterstreichung dieser Mitteilung legte er ein strahlendes Lächeln hin, das alles vorher Gesagte wieder gut machen sollte. Einen total anstrahlen, das konnte er perfekt, und dies wie auf Knopfdruck!

Gesichtsmimik war überhaupt eine absolute Stärke von Herrn Krieger, die er sich vielleicht bei seinen engen Kontakten zum Theater und zur Schauspielerei in München abgeschaut hatte. Herr Krieger war in der Lage, seinen unmittelbaren Gesprächspartner oder auch die ganze Klasse herzlich und begeistert anzustrahlen. Er konnte aber auch eine sehr ablehnende, entsetzte, wütende, beleidigte oder

verwunderte Haltung sehr klar und deutlich mit seiner Mimik zum Ausdruck bringen. Und dies quasi wie auf Bestellung. Ob gespielt oder echt, für uns Schüler war es sehr ermutigend, dass er einen voll anstrahlte und absolute Aufmerksamkeit für den Frager signalisierte, wenn man ihn ansprach.
Rainer Krieger war, und ist es wohl noch immer, ein mittelgroßer, gut aussehender, sehr schlanker sportiver Typ mit fast immer gebräuntem Gesicht, der sich sehr stilsicher nach damaliger Mode zu kleiden verstand, wie z.B. mit einem stark taillierten Anzug mit langen Revers und passender Krawatte, manchmal aber auch mit einer elegant-lässigen Lederjacke und Schlips.

Wie wir von ihm nach und nach erfuhren, war er in Ausbildung und Beruf wie wohl auch ansonsten ein „Sprintertyp“. Mit 18 Jahren Abitur. Nach 8 Semestern, also mit 22 Jahren, an der Ludwig-Maximilans-Universität München 1. Staatsexamen in Germanistik und Anglistik. Mit 23 Jahren hatte er bereits eine einjährige Lehrpraxis an einer englischen Schule hinter sich gebracht, mit 25 Jahren beendete er mit Ablegung des 2. Staatsexamens seine Referendars- und damit seine gesamte Ausbildungszeit. Die meisten seiner Kollegen erreichten dies erst mit 27 bis 28 Jahren, wenn sie z. B. noch bei der Bundeswehr waren. Nach einem kurzen „Intermezzo“ am Pfarrkirchner Gymnasium wurde er 1966 nach Simbach versetzt und dort gleich mit der Klassenführung und dem Deutschunterricht unserer Klasse betraut, die zwei Jahre später, nämlich 1968, ihr Abitur ablegen würde. Simbachs Provinzialität muss ihm als Münchner Großstädter schon einen kleinen Schock versetzt haben, weshalb er wohl fast jedes Wochenende in seine Heimatstadt München fuhr. Und womit er fuhr, das war für uns schon eine kleine Sensation, wenn wir die Autos unserer anderen Lehrer, falls sie überhaupt eines besaßen, mit Herrn Kriegers „Nobelhobel“ verglichen. Denn er fuhr einen knallroten Porsche, der zwar schon viele Winter gesehen hatte, aber für uns immer noch ein „Hingucker“ war, wenn Herr Krieger kurz vor Unterrichtsbeginn frühmorgens heranbrauste. Und es war herrlich anzusehen, wenn er nach Unterrichtsschluss voller Tatendrang und Dynamik zu seinem „Renner“ eilte, ja fast sprintete, den „Schlag“

aufriss und seine Aktentasche auf den Beifahrersitz pfefferte. Ein Sprung in den Flitzer, starten und mit quietschenden Reifen davon brausen, war bei ihm eins.

Porsche Baujahr Ende der 50er Jahre

Habe ich ihn gefragt oder hat er es mir angeboten, als er mitbekam, dass meine große Schwester mit ihrem Mann in München lebte, weiß ich nicht mehr. Auf jeden Fall nahm er mich manchmal mit nach München. Gleich nach der letzten Stunde ging es am Samstag, an dem damals noch unterrichtet wurde, los. Schnell noch eine warme Leberkässemmel in einer Simbacher Metzgerei gekauft, dann brausten wir los. Herr Krieger war ein rasanter Fahrer und nahm den Fuß nur selten und ungern vom Gaspedal. Bei einer dieser Fahrten diskutierten wir aber so intensiv, dass Herr Krieger vergaß, das Gaspedal durchzutreten, was ein „gemeiner" VW-Käfer-Fahrer flugs nutzte, um „unseren" Porsche zu überholen. Dies verleitete meinen Lehrer zu dem Satz, den er mit einem fetzigen „Kiekser" unterstrich, was er sehr oft tat, wenn er etwas „Schräges" von sich gab: „Der wird noch heute Nacht davon träumen, einen Porsche überholt zu haben!"

Ich liebte diese Fahrten sehr, weil es für mich einerseits eine Ehre war, mit meinem Deutschlehrer und Klassleiter nach München fahren zu dürfen, und zum anderen genoss ich es besonders, mit ihm auf der Fahrt intensiv zu diskutieren.

Ein- oder zweimal trafen wir uns an so einem Münchner Wochenende auf seine Anregung hin im „Haus der Kunst“ oder einem anderen „Kulturtempel“, um uns die neuesten Bilderausstellungen anzusehen. Warum er sich so um einen seiner Schüler bemühte, weiß ich nicht, auf keinen Fall war es „Kumpanei“ oder gar „Anbiederung“! Da bin ich mir ganz sicher! Auch hier, und bis heute, blieb das distanzierende „Sie“ ganz selbstverständlich bestehen, was jedoch dem guten Verhältnis keineswegs im Wege stand und steht.

Nun aber wieder zurück ins Simbacher Tassilo-Gymnasium! Disziplin halten war für Herrn Krieger kein Thema. Trotz seiner „Jugend“ (der älteste Schüler unserer Klasse war beim Abitur nur drei Jahre jünger als der Klassleiter) strahlte er eine unwahrscheinlich persönliche und fachliche Autorität auf uns aus, so dass Ermahnungen oder gar Strafen in keinster Weise notwendig waren. Denn bei ihm war immer klar, wer der „Chef“ ist!

Wie er uns in der 12. Jahrgangsstufe an die Zeit des Expressionismus, seine Literaten, Philosophen und Maler heranführte, bleibt mir unvergessen.

Mit Informationen über die wesentlichen Aspekte dieser Kunstrichtung aus historischem, gesellschaftlichem und künstlerischem Blickwinkel, mit literarischen Originaltexten sowie dem Besuch einer expressionistischen Bilder-Ausstellung im Münchner „Haus der Kunst“ machte er uns so intensiv mit dieser Epoche vertraut, dass wir mit dieser Epoche den damals neu in der Oberstufe eingeführten, von unserer Klasse erstmals durchgeführten „Studientag“ mit Bravour gestalten konnten.

Mit Herrn Krieger und Frau Zeschner besuchten wir eine Kunstausstellung im „Haus der Kunst" in München

Welcher Deutschlehrer käme wohl auf die Idee wie Herr Krieger, einen privaten, abendlichen „Literaturkurs" bei sich zu Hause für interessierte Schüler seiner Klasse anzubieten?
In der Abiturklasse machte er für uns dieses Angebot. Absolut freiwillig und ohne Stundenermäßigung oder Bezahlung für ihn, lud er uns alle 14 Tage zu sich zur Diskussion literarischer Texte ein, die wir vorher selbstverständlich nach seiner Auswahl zu Hause gelesen hatten. Damit wollte er uns Gelegenheit geben, unseren literarischen Horizont über den normalen Unterricht hinaus zu erweitern, um im bevorstehenden Abitur, aber vor allem auf unserem weiteren Lebensweg gerüstet zu sein. Es war kaum zu glauben, aber fast dreiviertel der Klasse nahmen dieses Angebot gerne wahr, obwohl mancher, so wie ich auch, mit dem Fahrrad am Abend ca. 30 Minuten nach Simbach und in der Nacht ca. 30 Minuten nach Hause treten musste, da um diese späte Stunde keine öffentlichen Verkehrsmittel mehr fuhren.

Seinen Unterricht hatte er natürlich auch immer exakt geplant und stets mit Tipps bzw. Ratschlägen für unser Abitur angereichert. Deshalb legte Herr Krieger von Beginn der 12. Jahrgangsstufe größten Wert auf die Aufsatzerziehung und hier vor allem auf die Argumentation. Damals war der sog. „Besinnungsaufsatz" bzw., wie man heute eher sagt, die „Erörterung" fast die obligate Aufsatzart, sieht man von der Gedichtinterpretation ab, die im Abitur gefordert wurde. Hierfür gab er uns häufig Themen zur Erörterung als Hausaufgabe auf und achtete sehr darauf, dass wir sie auch bearbeiteten. Für die Korrektur dieser Übungsaufsätze nahm er sich viel Zeit und machte sich große Mühe. Es kam durchaus vor, dass er ganze Nächte durch korrigierte, um uns möglichst bald die verbesserten Aufsätze zurückgeben und besprechen zu können. Er schrieb fast immer sehr ausführliche und hilfreiche Kommentare ins Aufsatzheft und war jederzeit bereit, diese sowie die Gesamtbewertung mit dem jeweiligen Aufsatzschreiber eingehend zu besprechen.

Im Aufsatz wie auch in der mündlichen Diskussion legte er größten Wert auf eine schlüssige, belegte und wohlbegründete Argumentation, die voll überzeugte. Wie er oft betonte, versuchte er uns damit auch ein Instrument in die Hand zu geben, das uns in die Lage versetzen sollte, auch im späteren Leben unseren Standpunkt effektiv zu vertreten und auch durchsetzen zu können.

Er meinte wohl dabei, dass derjenige im Leben einiges bewirken könne, der seine Thesen, Meinungen und Haltungen sauber und überzeugend argumentierend darstellen könne. Für mich war dies ein Aufruf, mich mit meiner Meinung in den gesellschaftlichen Prozess so einzubringen, wie Günter Eichs Gedicht „Seid Sand im Getriebe!" es so schön vorgezeichnet hat. Ich meinte verstanden zu haben, dass man in einer Demokratie seinen Standpunkt erfolgreich vertreten könne, ohne persönlich negative Konsequenzen fürchten zu müssen, wenn man fachlich sehr kompetent sowie wohlbegründet und fair argumentiert. Dass im wirklichen Leben leider Gottes oft andere Dinge, wie z.B. Beziehungen und Fürsprecher, persönliches Vitamin B, richtige Parteizugehörigkeit, schlicht „Seilschaften" oft die besten

Argumente übertrumpfen, hat Herr Krieger wahrscheinlich wohl auch gesehen, wollte uns jedoch nicht schon von vornherein den Mut nehmen, uns in der Gesellschaft zu engagieren.

Unsere „Schulkarriere" hatte ein gutes Ende genommen. 1968 legten wir unser Abitur ab und feierten dies ausgiebig mit einem von Herrn Krieger arrangierten Segelschifftörn entlang der Dalmatischen Küste. Es war für uns alle ein wunderschönes Abschiedserlebnis vom Tassilo-Gymnasium und unserem „Mephisto", alias Rainer Krieger, dem wir – wie auch vielen anderen Lehrern – sehr viel zu verdanken hatten!

Abiturfoto 1968 mit Herrn Rainer Krieger

Offizielle Überreichung der Abiturzeugnisse im Festsaal des Simbacher Rathauses

Schüler und Lehrer relaxen an Bord während unseres Segeltörns entlang der Dalmatischen Küste und sammeln Kräfte für die Zukunft!

17. Siebzig Jahre Tassilo-Gymnasium in Simbach: Versuch einer Bilanz

Was haben „70 Jahre Tassilo-Gymnasium“ bewirkt oder gebracht? Ich will den Versuch einer Bilanzierung wagen:

Dr. Walter Güldenapfel, der Gründer der „Privaten Realschule“ und damit des späteren Tassilo-Gymnasiums, hatte wohl am wenigsten von seiner mutigen Idee, 1948 in der niederbayerischen Gemeinde Simbach eine „Höhere Schule“ zu gründen. Finanzielle und organisatorische Probleme sowie auch das offensichtliche Desinteresse des damaligen Gemeinderats machten ihm immer wieder das Leben schwer. Da er bereits wenige Jahre, nämlich 1954 mit erst 54 Jahren, nach seiner Schulgründung starb, konnte er die Früchte seiner Arbeit nur äußerst rudimentär erleben.

Gut, die Stadt Simbach hatte Jahre nach seinem Tod eine Straße nach ihm benannt, den „Dr.-Güldenapfel-Ring“. Aber ein Foto, z.B. in Form einer Portrait-Aufnahme von ihm, suchte ich im öffentlichen Raum, z.B. im Rathaus oder im Stadtarchiv, vergeblich. Nur die Suche mittels eines Artikels der „Passauer Neuen Presse“ brachte zwei Fotos zu Tage, auf denen Herr Dr. Güldenapfel ganz klein und damit fast nicht erkennbar mit einer seiner Schulklassen zu sehen ist. Eine Gedenktafel konnte ich allerdings schon ausmachen.

Sie ist im Eingangsbereich des Tassilo-Gymnasiums im Simbacher Schulzentrum angebracht. Der Text lautet: „Zum Gedenken an den Gründer dieser Schule Dr. Walter Güldenapfel 12.1.1900 – 17.8.1954. Er lebt weiter in seinem Werk“. Soweit mir bekannt ist, wurde Dr. Güldenapfel weder zu Lebzeiten noch posthum die Ehrenbürgerwürde der Stadt Simbach verliehen.

Gedenktafel für Dr. Walter Güldenapfel am Eingang zum jetzigen Gebäude des Tassilo-Gymnasiums

Dem Direktor der damaligen Heraklith-Werke, Herrn Josef Nössing, der mit ca. 1 Million Mark seiner Firma den für die Oberrealschule notwendig gewordenen Schulhausneubau zu fast 90 % finanzierte, erging es nicht viel besser.

Herrn Josef Nössings Bild hängt heute zwar noch an prominenter Stelle im Simbacher Rathaus. Es ist allerdings auch das einzige Bild von ihm, das ich in der Stadt heute noch ausfindig machen konnte. Aber, ihm wurde die Ehrenbürgerschaft der Stadt Simbach verliehen. Von einer Gedenktafel für ihn ist mir nichts bekannt geworden. Es gibt auch keine nach ihm benannte Straße in Simbach.

Bilanziert man die Wirkung des Tassilo-Gymnasiums unter gesamtgesellschaftlichen Gesichtspunkten, so hat es in den 70 Jahren seines Bestehens kaum eine sichtbare und merkliche Schmälerung der großen Probleme der Welt herbeigeführt, z. B. bezüglich Gewalt und

Krieg sowie sonstigen Ungerechtigkeiten in der Welt.

Im 20. Jahrhundert gab es nach unterschiedlichen Schätzungen zwischen 100 bis 185 Millionen Kriegstote. Das 21. Jahrhundert lässt bisher nicht auf Besserung hoffen. 780 Millionen von ca. 7,3 Milliarden Menschen hungerten im Jahre 2015 nach Schätzung der Vereinten Nationen. Das sind 11 % der Weltbevölkerung! Alle 10 Sekunden stirbt ein Kind an Hunger![8] Der ehemalige Premierminister des Vereinigten Königreichs von Großbritannien und Nordirlands Gordon Brown schrieb am 10. November 2017 an alle Leiter der G20-Staaten: „Die globale Ungleichheit ist erschreckend: Acht Menschen besitzen soviel Reichtum wie die Hälfte der Welt." Lt. Schätzung des Deutschen Instituts für Wirtschaftsförderung besaßen 1997 zwölf Prozent der Deutschen ein Drittel des privaten Gesamtvermögens der deutschen Bevölkerung. Bis heute hat sich dieses Verhältnis zu Ungunsten der Ärmeren sicher noch verschlechtert, wenn man die gegenwärtigen Debatten über die ungerechte Vermögensverteilung im Deutschland des 21. Jahrhunderts verfolgt! Das Tassilo-Gymnasium hat hier wohl nur so viel bewirken können, wie jemand, der versucht, mit einem Teelöffelchen den Ozean auszuschöpfen.

Was ist es aber dann, was das Simbacher Gymnasium in den 70 Jahren seines Bestehens bewirkt hat? Ich will versuchen, es zu beschreiben:

Es hat einigen Generationen von Schülerinnen und Schülern aus der Simbacher Region zwischen 1948 und 2018 die Chance gegeben, Wissen, Fähigkeiten und Einsichten zu erwerben, die ein auf Kognition, Verantwortung und Ethos basierendes Leben entscheidend fördern.

Es hat mir, wie vielen anderen Schülern wohl auch, ermöglicht,

---

[8] Vgl. Vereinte Nationen, FAO, in ihrem Bericht „The State of Food Insecurity in the Worl 2015.

Verständnis und Freude an der Kultur, wie z.B. Musik, Literatur, Kunst, aber auch für Naturwissenschaften, wie Physik, Chemie sowie auch für Mathematik zu erlangen, was ganz sicher zu einer intensiveren Wahrnehmung der Welt und des Lebens bei vielen Absolventen des Gymnasiums beigetragen hat.

Das Tassilo-Gymnasium hat vielen wie mir auch, die Möglichkeit eröffnet, sich aus der Herkunftsschicht zu emanzipieren, die man heute etwas verschämt bzw. verschleiernd als „bildungsfern" bezeichnet, die in den Achtundsechzigerjahren aber wohl zutreffender „Unterschicht" genannt wurde. Und dies, ohne auf seine Herkunft abwertend oder sich genierend, sondern durchaus stolz zurück zu blicken!

Und es hat sicher bei so manchem Schüler bewirkt, sich kritisch und verantwortungsvoll in die Gesellschaft einzumischen, vielleicht sogar im Sinne von Günter Eichs Gedicht „Seid Sand im Getriebe!"? Möglicherweise haben diese ehemaligen Schüler des Tassilo-Gymnasiums dann doch dazu beigetragen, dass die Welt wenigstens einen Hauch liebenswerter geworden ist?!

Vielleicht?!

Ich möchte mich am Schluss dieser Ausführungen bei allen recht herzlich bedanken, die am Tassilo-Gymnasium jeweils an ihrem Platz, ob als Direktor oder als Lehrer, ob als Sekretärin oder als Hausmeister, dazu beigetragen haben, dass dieses „Experiment" des Dr. Walter Güldenapfel so gut gelungen ist!

Und ich hoffe, nein, ich bin mir sehr sicher, dass das Tassilo-Gymnasium auch in Zukunft seine vornehmste Aufgabe darin sehen wird, wie bisher eine wirklich „gelungene" Schule im niederbayerischen Landstädtchen Simbach und seiner Umgebung zu sein, so wie ich es in den „Sechzigerjahren" erleben durfte!

18. Biografie des Autors:

Valentin Reitmajer wurde 1948 in Gerzen, Landkreis Landshut, als drittes Kind einer Flüchtlingsfamilie aus der Bukowina/ Rumänien geboren und ist im niederbayerischen Dorf Julbach bei Simbach/Inn aufgewachsen.

Nach seiner 1968 mit dem Abitur abgeschlossenen Gymnasialzeit in Burghausen und Simbach/Inn studierte er in München an der Ludwig-Maximilians-Universität die Fächer Katholische Theologie und Germanistik, die er beide 1973 mit dem Staatsexamen abschloss.

1977 promovierte er in Sprachwissenschaften, ebenfalls an der Ludwig-Maximilians-Universität, mit der empirischen Dissertationsschrift "Der Einfluss des Dialekts auf die standardsprachlichen Leistungen von bayerischen Schülern in Vorschule, Grundschule und Gymnasium" zum "Doktor der Philosophie".

Nach einer mehrjährigen Tätigkeit als Referendar, Lehrer für Deutsch und Religionslehre an verschiedenen Gymnasien in Bayern und einer fünfjährigen Verpflichtung als Lehrbeauftragter für die "Didaktik der deutschen Sprache" an den Universitäten Eichstätt und München wurde Dr. Reitmajer 1985 vom Staatsministerium für Unterricht und Kultus zum Wissenschaftlichen Referenten für Pädagogik am Staatsinstitut für Schulpädagogik und Bildungsforschung in München ernannt.

1995 erfolgte die Berufung zum Wissenschaftlichen Projektleiter und Dozenten an dic Ludwig-Maximilians-Universität München

2004 wurde Dr. Valentin Reitmajer für seine wissenschaftlichen Verdienste in das "Who's Who in the World" aufgenommen.

2014 erfolgte die Berufung zum Honorarprofessor

Seit 2008 Aufbau und Leitung des Reimo-Verlags in Oberding

Der promovierte Germanist und Theologe beschäftigt sich in seinen umfangreichen wissenschaftlichen Publikationen aus dem Bereich der Bildungsforschung vor allem mit den Fachgebieten Dialekt als Sprachbarriere, Aufsatzdidaktik, Hochbegabung, verbale Gewalt bei Jugendlichen, interkulturelle Erziehung, Lehrerprestige und anderen aktuellen pädagogischen Themen.

Dr. Reitmajer verfasste seit 1972 insgesamt 38 Bücher und 35 Aufsätze in verschiedensten Fachzeitschriften und ist mit seinen Forschungsergebnissen in den Medien häufig präsent und über Bayern hinaus bekannt geworden.
Er wirkte auch an vielen Radio- und Fernsehsendungen mit und hielt eine Vielzahl von wissenschaftlichen Vorträgen, Tagungen und Kongressen als Referent, Organisator und Leiter ab.